# 통합 사회를 잡아라

## 1

# 통합 사회를 잡아라 1

2018년 3월 24일 1판 1쇄
2022년 3월 31일 1판 4쇄

**지은이** 조지욱, 조승연, 정명섭, 이효건, 송훈섭, 김승우, 강혜원, 강은경, 강봉균
**그린이** 김혜령

**편집** 정은숙, 박주혜    **디자인** 스튜디오 헤이,덕    **마케팅** 이병규, 양현범, 이장열    **제작** 박흥기    **홍보** 조민희, 강효원
**인쇄** 천일문화사    **제본** J&D바인텍

**펴낸이** 강맑실    **펴낸곳** (주)사계절출판사    **등록** 제406-2003-034호
**주소** (우)10881 경기도 파주시 회동길 252
**전화** 031)955-8558, 8588    **전송** 마케팅부 031)955-8595 편집부 031)955-8596
**홈페이지** www.sakyejul.net    **전자우편** skj@sakyejul.com
**트위터** twitter.com/sakyejul    **페이스북** facebook.com/sakyejul
**블로그** blog.naver.com/skjmail
**사진** 민주화운동기념사업회, 셔터스톡, Sheldon museum of art, CGV아트하우스, 연합뉴스, 위키미디어, 정은숙, 하남시

© 조지욱, 조승연, 정명섭, 이효건, 송훈섭, 김승우, 강혜원, 강은경, 강봉균 2018

ISBN 979-11-6094-341-2 44300
ISBN 979-11-6094-340-5 (전2권)

통합적 관점으로 인간과 사회를 탐구하다

# 통합 사회를 잡아라

**1**
행복한 삶과
바람직한 사회

조지욱  이효건  강혜원
조승연  송훈섭  강은경
정명섭  김승우  강봉균
지음

사□계절

서문

　요즘 학교에서는 교사들에게 앞으로 수업 시간에 일일이 가르치지 말라고 합니다. 이게 무슨 소리인지, 교사한테 가르치지 말라니……. 그런데 그 말에는 이런 뜻이 숨어 있습니다. 학생들이 직접 활동하면서 지식을 체득하게 하라는 것이죠.

　그러면 교사 입장에서는 바뀌는 교과 과정이 어떨까요? 학생들이 수업 시간에 스스로 활동을 한다고 해서 교사의 수업이 사라질까요? 그건 아닐 겁니다. 학생들이 자기 주도적인 활동을 하기 위해서는 기초 지식이 있어야 합니다. 예를 들어, 내가 사는 지역의 약도를 그려 보라는 간단한 활동을 하게 하더라도 그에 앞서 지역이 무엇인지, 약도란 무엇인지도 가르쳐야 합니다.

　그러니 교사가 가르치지 말라는 말은 수업은 수업대로 하고 덧붙여 학생들이 활동까지 할 수 있게끔 만들라는 것입니다. 앞으로 교사들의 고생이 더하면 더했지 덜어지지는 않을 겁니다.

　우리나라 학교 교육에서는 국가 교육 과정을 토대로 수업을 하기 때문에 사실 교사가 무엇을 가르칠지 정할 수 없습니다. 따라서 어떻게 가르칠 것인가가 교사들의 고민이었지요. 이제 활동 중심으로 수업을 하라고 하지만 그 또한 온전히 교사 개개인의 고유 영역은 아닙니다.

학교 교육에서 또 하나의 큰 변화가 있습니다. 그것은 통합 교육 과정입니다. 통합 교육? 이걸 어떻게 설명해야 할까요? 통합이란 무엇인가 서로 다른 것을 합쳐서 하나로 만든다는 뜻이죠, 마치 용광로에 이것저것을 넣고 다 녹여서 하나의 쇳덩어리를 만드는 것처럼 말입니다. 옛날에도 이런 시도는 있었습니다.

예를 들어, '공통 사회'라는 이름으로 서로 다른 교과를 합쳤습니다. 그런데 이때는 일반사회와 지리를 50 : 50의 비율로 합친 것이었죠. 그러니 이것은 통합이 아니라 그냥 하나의 책으로 만들기 위해 물리적으로 결합한 것에 불과했습니다. 말만 공통이었지 일반사회 부분은 일반사회 선생님이, 지리 부분은 지리 선생님이 수업을 했습니다.

그래서 교사들이나 학생들에게 학교 수업의 변화로는 느껴지지 않았습니다. 그러나 이제는 다릅니다. 통합 교육 과정은 윤리와 일반사회, 지리의 물리적 결합이 아니라 화학적 결합입니다. 따라서 예전처럼 전공과목별로 가르치는 것이 어려워졌습니다. 물론, 학교 사정에 따라서 통합 교육 과정도 큰 주제를 중심으로 교과별 수업을 할 수 있습니다. 하지만 그것은 통합이라는 새로운 학습 내용을 만든 의도에 부합하는 일은 아닙니다.

사실 어떤 교사도 이 모든 교과를 섭렵하고 있지 못할 겁니다. 그렇지만 이제 학생들은 통합적으로 지식을 습득하는 것이 맞습니다. 왜냐하면 지식은 원래 통합의 모습으로 존재하고 있었으니까요. 오히려 그것을 과거의 교육자들이 쪼개고 나눠 전공이라는 이름으로 지금의 교사들에게 가르쳤던 것이죠.

활동 중심 수업 그리고 통합 교육 과정이 앞으로 오랜 기간 학교 수업을 이끌 것입니다. 2018년부터 시작되는 통합과 활동의 수업, 이런 취지에서 생겨난 과목이 바로 통합 사회입니다. 대학 수학 능력 시험의 필수 과목이 될 것이라는 추측까지 낳고 있는 중요한 과목이죠.

하지만 현재 사회과 교사들은 사회 교육과, 역사 교육과, 윤리 교육과, 지리 교육과를 나온 사람들입니다. 따라서 통합으로 사회과 전 영역을 공부하지 않았습니다. 그러니 통합 교육 과정이 아무리 그 취지가 좋다고 해도 이를 실천할 수 있는 교사가 현실에는 거의 없는 것이죠.

그래서 교사와 학생들에게 도움이 되는 새로운 개념서이자 교양서로서 '통합 사회' 책을 만들어야겠다고 생각했습니다. 호모 에렉투스가 사라지고 호모 사피엔스가 출현했듯이 현재까지 없던 과목이 생겨났으니까요. 물론, 필요성과 함께 정말 이런 책을 잘 만들 수 있을까 하는 걱정도 들었습니다.

먼저, 어떤 선생님들로 집필진을 꾸릴지가 고민이었습니다. 통합 사회 내용을 보면 크게 일반사회 40%, 지리 40%, 윤리 20% 정도의 비중으로 보였습니다. 물론, 역사도 있지만 그 비중이 작고 하나의 단원보다는 다른 교과 내용에 뒤섞여 들어가 있기 때문에, 고민 끝에 일반사회 선생님 두 분, 윤리 선생님 세 분, 지리 선생님 세 분으로 집필진을 꾸렸습니다.

이번 집필진에는 2015 교육 과정의 통합 사회 교과서 집필 경험이 있는 분들이 많이 참여했습니다. 또 교육방송에서 강의하시는 분, 교육방송이나 기타 출판사에서 참고서를 집필하시는 분, 또 청소년 교양서를 내신 분도 참여했습니다.

집필진이 정해진 다음에는 집필과 검토 회의를 수차례 거듭하며 원고를 완성해 갔습니다. 이 과정은 예상보다 힘겹게 진행되었습니다. 아침에 시작한 회의가 자정을 넘기기 일쑤였죠. 그러나 모든 선생님들이 그 지난한 시간들을 잘 참고 견뎌 내신 끝에 14개월이란 시간을 지나 책이 나오게 되었습니다. 집필진 모두는 이런 책이 세상에 나오기를 바라는 많은 선생님과 학생들이 있을 것이라는 확신으로 온 힘을 쏟을 수 있었습니다. 이제 전국의 모든 사회과 선생님과 학생들이 통합 사회라는 새 교과를 가르치고 배울 때 『통합 사회를 잡아라』가 조금이라도 도움이 되었으면 좋겠습니다.

이 책 『통합 사회를 잡아라』는 다음과 같이 만들어졌습니다.

**첫째, 주제 중심으로 통합된 책입니다.** 서로 단절된 교과 영역의 지식을 기계적으로 나열하는 것이 아니라 각 교과의 벽을 넘어 질문(주제)을 던지고 그것을 통해 일상의 삶과 사회, 세상을 이해할 수 있도록 만들었습니다. 그것은 '통합 사회'라는 교과 과정이 목표로 하는 바와도 같을 것입니다. 그래서 이 책은 통합 사회, 그리고 중학교 사회(역사 포함)/도덕 교과(군) 및 고등학교 사회과 선택 과목까지 넘나들 수 있는 주제들로 구성되었습니다. 이 책을 통해 '삶의 이해와 환경', '인간과 공동체', '사회 변화와 공존'이라는 큰 영역 안에서 행복, 자연환경, 생활 공간, 인권, 시장, 정의, 문화, 세계화, 지속 가능한 삶 등의 주요 핵심 개념을 자연스럽게 이해할 수 있을 것입니다.

**둘째, 자기 주도 학습을 돕는 책입니다.** 선생님조차 쉽지 않은 과목이지만 이 책은 혼자서도 공부할 수 있도록 구성했습니다. 이를 위해 각 단원의 큰 주제들을 세밀하게 나누어 기초가 되는 내용부터 사고를 확장하는 데

징검돌이 될 만한 내용까지 충실히 담았습니다.

**셋째, 다양한 관점에서 사회 현상을 바라보게 하는 책입니다.** 지금 세계는 보편성과 상대성, 전통문화와 미래 사회 간의 큰 격차로 소용돌이치고 있습니다. 복잡한 이 세상에서 보고 싶은 것만 보거나, 하나의 시각으로만 보려 한다면 결국 잘못된 생각과 선택으로 이어질 것입니다. 이 책에서 세계의 다양한 문제들과 관점들을 만나고 현대 사회를 지혜롭게 살아갈 힘을 얻기 바랍니다.

집필진을 대표하여

조지욱 씀

차례

# ① 행복한 삶은 좋은 사회에서 _014
### - 인간, 사회, 환경과 행복

# 2 자연 속에서 가꾸는 삶과 사회 _060
- 자연환경과 인간

# 3 산업, 교통·통신, 정보화가 바꿔 놓은 세상과 미래 _108
## - 생활공간과 사회

# 4 기나긴 인권의 역사, 법으로 새긴 인간다울 권리 _ 168
- 인권 보장과 헌법

# 5 보이지 않는 경제를 내 손에 _216
## - 시장 경제와 금융

# 1 행복한 삶은 좋은 사회에서

## 인간, 사회, 환경과 행복

◆ 관점이란 무엇일까?

◆ 사회 현상을 바라보는 관점에는 무엇이 있을까?

◆ 통합적 관점이란 어떤 것일까?

◆ 행복의 기준은 어떻게 변해 왔을까?

◆ 지역에 따라 행복의 기준이 다를까?

◆ 행복하게 살아가려면 무엇이 필요할까?

우리가 사는 사회에는 무척 복잡하고 다양한 문제들이 나타나고 있습니다. 이러한 일들을 어떻게 이해하고 해결할 수 있을까요? 먼저 복잡한 사회 현상을 이해하기 위해서는 이를 다양한 관점에서 살펴봐야 합니다. 그리고 그 관점들을 종합해서 입체적으로 인식할 때 사회 문제를 해결할 방법도 얻을 수 있습니다.

이때 필요한 것이 통합적 관점입니다. 통합적 관점이란 하나의 사회 현상에 대해 시간적·공간적·사회구조적·윤리적 측면 등을 고려하여 살펴보는 것을 말합니다. 이것은 또한 인간, 사회, 국가, 지구 공동체와 환경을 종합적으로 이해하고자 하는 것입니다.

이 장에서는 인간과 사회를 바라보는 통합적인 관점이 무엇인지 이해하고, 개인 삶의 목표로서 행복을 통합적인 관점으로 탐구하고 성찰해 보겠습니다.

# 1.
# 관점이란 무엇일까?

탁자 위 물병에 물이 반 정도 담겨 있다. 어떤 사람은 "물이 반병밖에 없네."라고 하고, 어떤 사람은 "물이 반병이나 남았네."라고 한다.

똑같은 물 반병을 보고 왜 이렇게 다른 반응을 보이는 것일까? 운동으로 땀을 뻘뻘 흘렸거나 갈증이 심해서 물을 많이 먹고 싶은 사람에게 반병의 물은 적다고 느껴질 것이고, 대장 내시경 검사를 앞두고 이미 물을 잔뜩 먹은 사람에게는 반병의 물도 많다고 느껴질 것이다.

사람들은 어떤 사물이나 상황, 경험하는 현상을 각자의 처지에 따라 달리 해석하고 인식하는데 이를 '관점'이라고 한다. 곧, 관점이란 세상에 대해서 그 사람이 보고 생각하는 태도나 방향을 뜻한다.

모든 사람은 자기 나름대로의 관점을 지니고 세상을 살아간다. 그렇지만 자신의 관점을 끊임없이 성찰하는 일이 중요하다. '새옹지마'라는 고사성어가 있다. 이 말에는 단기적인 관점으로 봤을 때 득이 되거나 실이 되는 일도 장기적인 관점으로 보면 다르게 평가할 수 있다는 뜻이 담겨 있다. 그러므로 자신이 세상을 어떤 관점으로 바라보고 있는지 항상 점검하고 올바른 관점을 키워 나갈 필요가 있다.

# 2.
# 인간, 사회, 환경을 바라볼 때
# 어떤 관점을 지녀야 할까?

사물이 우리 눈에 어떤 색으로 보이는 것은 그 물체가 그 색의 빛을 반사하기 때문이다. 무성한 초록 잎들 사이로 빨간 사과가 가득 달려 있는 사과나무 한 그루를 떠올려 보자. 만약 그 사과나무에 빨간색 파장의 빛만 비춘다면 우리 눈에 나뭇잎은 보이지 않고 사과만 보일 것이다. 반대로 초록색 파장의 빛만 비춘다면 사과는 보이지 않고 나뭇잎만 보일 것이다. 그러나 두 가지 빛을 모두 비춘다면 빨간 사과와 초록색 나뭇잎을 모두 볼 수 있다. 그뿐만 아니라 벌레 먹은 사과의 노란색 속살이나 시들어 노랗게 변한 사과나무 잎도 볼 수 있다. 빨간빛과 초록빛이 합쳐지면 노란빛이 되기 때문이다. 이렇게 두 가지 빛을 겹쳐 보면 그 사과나무가 현재 어떤 상태인지 더 자세히 파악할 수 있을 것이다.

사물을 보는 과정에서 나타나는 이러한 빛

빨간색 파장의 빛이나 초록색 파장의 빛 만을 비추었을 때 사과나무는 어떻게 보일까?

사물을 온전히 보려면 다양한 파장의 빛이 필요하다.

의 원리에서 우리는 인간과 사회, 그리고 환경을 볼 때 우리가 지녀야 할 바람직한 관점을 유추할 수 있다. 빨간색 사물을 보려면 빨간빛이 필요하고 초록색 사물을 보려면 초록빛이 필요한 것처럼, 어떤 현상을 이해하기 위해 필요한 관점이 있다. 그러나 초록빛과 빨간빛을 각각 비출 때는 볼 수 없는 노란색 사물을 두 빛을 함께 비추면 볼 수 있는 것처럼, 사회 현상을 대할 때 우리는 다양한 관점을 고려하여 바라볼 필요가 있다. 그래야만 사회 현상을 정확하게 인식할 수 있을 뿐만 아니라 개별 관점으로는 인식할 수 없는 측면을 발견할 수 있다.

# 3.
# 사회 현상을 바라보는 관점에는 어떤 것이 있을까? ①

– 시간적 관점과 공간적 관점

인간은 자신을 둘러싼 사회 문화적 환경이나 자연환경과 끊임없이 영향을 주고받으며 살아간다. 그리고 각자 지향하는 가치와 목적에 따라 말하고 행동하는 수많은 사람들과 다양한 관계를 맺는다. 이 과정에서 사회 현상은 매우 복잡한 양상을 보인다. 이렇게 복잡한 사회 현상을 제대로 이해하려면 적절한 관점으로 살펴보는 것이 중요하다.

그렇다면 우리는 사회 현상을 어떤 관점에서 볼 수 있을까?

먼저 어떤 사회 현상이 나타나게 된 과정을 살펴보거나 옛날과 비교해 현재를 이해해 볼 수 있다. 이를 사회 현상을 바라보는 시간적 관점이라고 한다. 인간의 삶은 시간이 흐르면서 변화하는데, 이러한 변화 과정은 현재의 사회 현상을 이루는 토대가 된다. 따라서 사회 현상을 바라볼 때는 시대적인 배경과 맥락을 고려하는 시간적 관점이 필요하다.

현재 우리 사회에서 나타나는 복잡한 문제들은 시대적 배경을 알고 나면 더 깊이 이해할 수 있는 경우가 많다. 예를 들어 우리나라의 영호남 지역 사이에 뿌리박힌 지역감정 문제를 보자. 이 문제를 이해하려면 지역감정이 언제 시작되었고 어떻게 깊어졌는지 그 과정을 이해할 필요가 있을 것이다. 근대 이전에도 지역감정이 있었다고 하지만 영호남 간의 지역감정은 더욱 깊어졌다. 그 원인 가운데 하나로 정치인들이 자신의 이익과 상황에 따라 영호남 간의 지역감정을 부추긴 점을 들 수 있다. 그리고 영남 지역 출신 인사들이 정권을 장악한 동안에 나타난 영호남 간의 개발 격차와 이로 인한 갈등을 지역감정의 원인으로 꼽을 수 있다. 현재 나타나는 영호남 간의 지역감정 문제는 이러한 역사 배경을 제대로 알고 이와 관련된 감정이나 오해를 풀어야만 해결할 수 있다.

이처럼 어떤 사회 현상에 대해 더 깊이 이해하려면 현재 상태뿐만 아니라 그것이 나타나게 된 역사적 배경과 변화 과정까지 두루 살펴봐야 한다.

한편, 사회 현상을 파악할 때는 그것이 나타나는 장소의 지리적 특성과 공간 정보를 살펴볼 필요도 있다. 지역마다 그곳만의 고유한 특성이 있어서 인간의 생각이나 행동에 영향을 끼치기 마련이다. 지형, 기후와 같은 자연환경 요소는 물론이고 언어, 종교, 산업과 같은 인문 환경 요소 등이 여기에 포함된다. 또한 한 지역에서 나타나는 지리적 특성을 다른 지역과 비교해 살펴볼 필요도 있다. 이를 사회 현상을 바라보는 공간적 관점이라고 한다.

한국의 높은 교육열이라는 사회 현상을 예로 들어 보자. 과연 교육이라는 사회적 현상이 공간적인 요인에 의해 어떤 영향을 받을 수 있을까? 먼저 자연환경 측면에서 우리나라는 국토가 좁고 부존 자원이 적은 지리적 특성이 있다. 이러한 환경에서 우리나라 사람들은 더 나은 삶을 살기 위해 교육이라는 수단에 매달려 왔는데, 이는 더 좋은 학력과 학벌을 얻기 위한 경쟁을 불러일으켰다. 유교 문화 지역이라는 인문 환경적 요소 또한 교육열에 영향을 주었다고 평가된다. 유교는 사농공상의 직업에 서열을 두고, 그중 글을 읽고 과거에 급제하여 벼슬하는 선비의 일을 가장 귀한 것으로 여겼다. 이러한 사상은 대학 교육을 받고 사무직에 종사하는 것을 선호하는 사회 분위기를 만드는 데 영향을 끼쳤다. 우리나라처럼 유교 문화권에 속한 싱가포르, 일본, 중국 등 동아시아의 많은 나라들이 공통적으로 교육열이 높은 것도 같은 맥락에서 이해할 수 있다. 오늘날 우리나라에서 나타나는 지나친 교육열 문제를 해결하려면 이러한 환경적 요인을 제대로 알고 이를 근본적으로 해결할 수 있는 대책을 세워야만 할 것이다.

이처럼 어떤 사회 현상을 제대로 이해하기 위해서는 그 현상이 나타나게 된 공간의 특성을 깊이 있게 살펴봐야 한다.

# 4.
# 사회 현상을 바라보는 관점에는
# 어떤 것이 있을까? ②

– 사회적 관점과 윤리적 관점

사회 현상을 이해할 때에는 그러한 현상이 일어나게 만든 사회 구조의 영향력을 살펴볼 필요가 있다. 사회 질서를 유지하기 위해서는 구성원 사이에 기본적으로 적용되는 틀과 규칙이 필요하다. 그래서 인간은 법과 제도, 관습 같은 사회 구조를 만들어 냈다. 그리고 그 틀의 영향을 받아 생각하고 행동한다. 이러한 사회 구조를 중심으로 사회 현상을 바라보는 것을 사회적 관점이라고 한다.

예를 들어 최근 우리 사회에서 1인 가구의 비율이 급격하게 늘어나고 있는데, 이것을 단지 개인의 선택으로만 해석할 수 있을까? 이와 같은 현상이 나타나는 이유에는 사회 구조의 영향이 매우 큰 부분을 차지한다. 먼저 결혼을 대하는 시각의 변화를 원인으로 꼽을 수 있다. 개인주의가 확산되고 여성의 권리 의식이나 평등 의식이 성장하면서 결혼은 더 이상 필수가 아니라 선택의 영역으로 변화하고 있다. 경제 구조의 문제도 중요한 요인이다. 특히 우리나라의 경제가 고도 성장기를 지나 저성장기로 접어들면서 새로운 일자리가 생겨나지 않아 청년 실업의 비율이 점점 증가하고 있다. 이러한 경제적 이유 때문에 결혼 자체를 포기하는 1인 가구가 늘어나고 있다.

한편, 대가족에서 핵가족 위주로 가족 구조가 변화하고 고령 인구가 증가하면서 독거노인이 늘어나는 것 역시 1인 가구의 빠른 증가에 영향을 끼치고 있다. 1인 가구가 폭발적으로 늘어나는 데에는 이처럼 사회 구조적 요인이 큰 영향을 주기 때문에, 단순히 개인에게 결혼을 권하거나 부모 부양을 강요하는 것 등으로 이 문제를 해결하기는 어려울 것이다. 이와 같이 사회 현상을 바라볼 때는 그것이 나타나게 만든 사회 구조적 요인을 살펴봐야 한다.

다음으로, 사회 현상을 바라볼 때에는 인간의 옳고 그른 행동, 선하고 악한 행위를 구별하여 평가해 볼 필요도 있다. 인간도 다른 동물처럼 생물학적 욕구를 품고 있다. 그러나 인간 사회가 평온하게 유지되려면 그러한 욕구를 절제하고 스스로의 행동에 대해 옳고 그름을 성찰할 수 있어야 한다. 이를 사회 현상을 바라보는 윤리적 관점이라고 한다.

로봇이나 인공 지능과 같은 첨단 과학 기술의 급격한 발전이라는 새로운 사회 현상을 예로 들어 보자. 그로 인한 경제적 이득이나 생활 환경의 변화만 생각해도 아무 문제가 없을까?

가령 우리가 인공 지능의 통제를 받아 자율 주행으로 도로를 달리는 자동차에 타고 있다고 생각해 보자. 보행자나 다른 차량과 부딪칠 급박한 상황에서 자율 주행 시스템은 탑승자를 보호하는 것이 먼저일까, 아니면 보행자나 다른 차량을 해치지 않는 것이 먼저일까? 또 인공 지능이나 로봇이 담당한 의료 행위 때문에 오진이나 의료 사고가 일어나면 누가 어떻게 책임을 져야 할까?

현재의 인공 지능은 기본적으로 그동안 인간이 축적해 둔 데이터를 종합·분석하여 판단을 내리는 시스템이다. 그런데 만약 판단하는 과정에서 다양한 가치가 개입되거나 데이터에 없는 상황이 나타나면 큰 문제가 발생할 수 있다.

과학 기술의 발전은 예전에 없던 새로운 윤리적 문제를 만들어 내고 있다. 따라서 인공 지능을 개발하고 사용하는 사람들이 풀어 가야 할 윤리적 문제들을 탐구해 볼 필요가 있다. 그러지 않으면 과학 기술은 인간에게 큰 재앙을 가져다줄지도 모른다.

이처럼 사회 현상은 흘러가는 대로 두어서는 안 되며, 인간으로서 해야 할 행동과 하지 말아야 할 행동이라는 윤리적 관점에서 성찰해야 한다.

# 5.
# 통합적 관점이란 무엇일까?

– 인간의 삶과 사회 제대로 이해하기

'장님 코끼리 말하듯'이라는 속담이 있다. 불교 경전 가운데 하나인 열반경에 나오는 이야기에서 유래한 속담이다. 인도의 경면왕이 여러 명의 맹인들에게 코끼리를 만져 보게 한 뒤 어떻게 생겼는지 물어보았다. 그러자 상아를 만진 이는 '무'와 같다고 했고, 머리를 만진 이는 '돌', 코를 만진 이는 '절굿공이', 꼬리를 만진 이는 '새끼줄' 같다며 저마다 다른 말을 하였다. 이렇게 부분만을 가지고서 마치 전체를 아는 듯이 잘못 판단하는 경우에 이 말을 쓴다. 실제로 사람들은 일상생활에서 이와 같은 실수를 많이 저지른다. 제한된 정보나 관점으로 사회 현상을 바라보아 잘못된 판단을 내리는 경우가 많은 것이다.

세계적으로 유명한 시리얼 회사인 K사는 인도의 인구와 경제 구조 변화를 분석한 뒤 야심 차게 인도 시장에 진출했다. 젊은 소비 계층이 많고 산업화와 도시화 때문에 아침에 바쁘게 출근하는 사람들이 많아지고 있다는 점에 기대를 걸었던 것이다. 그러나 결과는 대실패였다. 인도 사람들의 음식 문화를 제대로 이해하지 못했기 때문이다. 아침식사로 익힌 채소 요리를 즐기는 인도인들에게 시리얼은 생소한 데다 비싸기까지 했다.

그럼에도 K사는 고가 정책을 유지하면서 제품 종류를 늘리는 등 엉뚱

하게 대처했고, 그 결과 인도 소비자들에게 외면당했다. K사는 인도 사회에 여러 가지 관점으로 접근하지 않아 결국 낭패를 본 것이다.

사회 현상은 대체로 다양한 요인의 영향을 받아 매우 복잡한 양상을 띤다. 그래서 사회 현상을 제대로 파악하려면 하나의 관점만 고집해서는 안 되며, 여러 가지 관점에서 통합적으로 살펴보아야 한다. 그래야만 어떤 현상에 대해 다각적으로 이해하고 종합적인 해결책을 제시할 수 있기 때문이다. 이처럼 사회 현상을 탐구할 때 시간적·공간적·사회적·윤리적 관점 등을 두루 활용하여 바라보는 것을 통합적 관점이라고 한다.

예를 들어 'OECD 국가 중 한국의 자살률이 가장 높다'는 사회 현상을 통합적으로 탐구하려면 어떻게 해야 할까? 먼저 시간적 관점에서 우리나라의 자살률이 어떻게 변화해 왔는지, 그리고 당시 시대 상황이 어떠했는지 살펴볼 수 있다. 공간적 관점에서는 우리나라 이외에 자살률이 높은 지역이 어딘지, 이러한 지역들에 어떤 공통점이 있는지 분석해 볼 수 있다.

다음으로 사회적 관점에서 사람들이 자살을 선택하게 되는 다양한 요인을 세대별로 알아보고, 이것이 입시 경쟁이라든가 경제적 어려움, 노인 빈곤층의 증가 등 사회 구조적인 요인과 어떻게 관련되는지 분석해 볼 수 있다. 마지막으로 윤리적 관점에서 자살을 개인의 선택 문제로 볼 것인지 아니면 생명 경시 풍조 등 사회 윤리의 변화 때문인지 등을 검토해 볼 수 있다. 이렇게 종합적으로 분석하면 우리나라의 높은 자살률이라는 사회 현상을 좀 더 심층적으로 이해할 수 있다.

한 가지 사회 현상을 여러 가지 시각으로 두루 살펴보고 이해하려 할 때 비로소 앞에서 말한 이야기에서처럼 코끼리의 어느 한 부분만 만져 보고서 잘못된 인식을 하는 어리석음을 피할 수 있을 것이다.

# 6.
# 행복이란 무엇일까?

　인간은 모두 행복을 추구하면서 산다. 그러나 "행복은 이것이다."라고 확실하게 정의하기는 힘들다. 누구나 행복을 추구하지만 아무도 행복이 무엇인지 자신 있게 이야기할 수 없는 모순에 빠져 있는 것이다.

　어떤 사람들은 행복(happiness)을 행운(luck)과 혼동한다. 일반적으로 행운은 좋은 운수를 말하며, 예측하거나 의도하지 않았는데 우연히 찾아온 좋은 것이다. 그러나 행복은 삶의 목적에 따라 행위함으로써 얻는 만족감을 뜻한다. 즉 만족스러운 삶을 위해 스스로 노력하여 성취한 결과물이 행복이다. 그래서 진정한 행복을 실현하려면 적절한 삶의 목표와 계획을 세울 수 있는 판단력과 이를 실천하려는 의지가 필요하다.

네잎클로버의 꽃말은 행운이고, 세잎클로버의 꽃말은 행복이다. 우리는 행운을 찾기 위해 수많은 행복을 놓치고 있는 것은 아닌지 생각해 봐야 한다.

행복한 삶이란 풍요로운 삶을 말하는 것이라고 착각하는 사람들도 있다. 그러나 경제적인 여유가 행복의 조건은 될 수 있지만 행복 그 자체는 아니라는 사실을 알아야 한다. 경제적으로 풍요로운 사람이라고 해서 반드시 행복한 것은 아니기 때문이다. 행복은 물질적인 조건이 아니라 마음이 즐겁고 만족스러운 상태를 뜻한다. 마음이 즐거운 사람은 비싼 가방이 없어도, 큰 집에 살지 않아도 행복하다.

그런가 하면 욕망을 충족하는 데서 오는 쾌락을 행복과 동일시하는 사람들도 있다. 과연 그럴까? 고대 그리스의 철학자 에피쿠로스는 고통이 없고 쾌락이 충족된 상태를 행복이라고 했다. 그런데 여기서 에피쿠로스가 강조한 쾌락은 지속적으로 얻는 정신적 만족감을 가리킨다. 그는 쾌락을 통해 마음의 평온을 얻으려면 육체적이고 순간적인 쾌락에 탐닉해서는 안 되고, 생존에 필요한 최소한의 욕구만 추구해야 한다고 했다. 절제하는 삶을 살아야만 쾌락에서 지속적인 만족감을 얻을 수 있다는 것이다.

우리는 지금 당장의 이익과 쾌락이 진정한 행복에 이르는 길이 아니라는 점을 늘 자각하고 있어야 한다. 자신의 행동이 행복에 이르는 길인지 끊임없이 성찰하고, 그 결과가 행동으로 이어지게끔 노력해야 할 것이다.

사람마다 행복을 추구하는 과정과 만족의 기준이 다르다는 점에서 행복은 상대적이기도 하다. 사실 뜻밖의 요행으로 얻게 된 큰 부나 명예보다 삶의 기본 욕구를 충족했을 때 얻는 소소한 만족감이 행복에 더 가깝다. 그래서 사람들은 생활에 필요한 물질적인 부의 축적, 타인으로부터 받는 인정, 가족 간의 화목, 이웃을 위한 봉사 활동 등 다양한 방식으로 행복을 추구한다. 각자 삶의 기준과 가치관에 따라 자기 나름의 만족을 추구하기 때문이다.

# 7.
## 행복의 기준은 어떻게 변해 왔을까?
– 시대에 따른 행복의 기준

　인간이란 삶의 의미와 목적을 탐구하는 존재이다. 예부터 여러 철학자들은 좋은 삶이 어떤 것인지, 행복은 어디에서 비롯되는지 설명하려고 애썼다. 고대 그리스의 철학자 소크라테스는 "모든 덕은 참된 앎에서 나오고, 모든 악은 무지에서 비롯된다."라고 했다. 그는 세속적인 부와 명예, 쾌락을 추구하기보다 자신의 삶을 성찰하고 돌보는 것이 중요하다고 강조했다. 그는 성찰과 반성적인 삶의 태도를 영혼의 수련이라고 하였는데, 이러한 영혼의 수련을 거쳐서 얻은 지식이야말로 참된 앎이라고 생각했다. 그리고 '참된 앎은 덕이고, 덕은 행복'이라는 지덕합일설을 주장하였다. 참된 앎과 덕이 있는 사람이 진정한 행복을 누릴 수 있다는 뜻이었다.

　플라톤과 아리스토텔레

라파엘로(1483~1520), 〈아테네 학당〉 부분. 정중앙 왼쪽에 손가락으로 하늘을 가리키는 사람이 플라톤, 오른쪽에 손바닥을 아래로 하고 있는 사람이 아리스토텔레스이다.

스는 소크라테스의 사상을 이은 대표적인 철학자이다. 두 사상가는 모두 영혼의 수련을 통해서 얻는 행복을 강조했다. 그러나 성찰을 통해 얻을 수 있는 완전한 행복이 '어디에 존재하는가'를 놓고는 서로 견해가 달랐다. 플라톤은 인간이 추구할 수 있는 최고의 삶은 이상 세계인 '이데아'에 있다고 보았다. 그는 이성의 덕을 갖추어 자신의 욕망을 잘 다스리는 인간만이 행복의 이데아에 이를 수 있다고 했다. 이에 견주어 아리스토텔레스는 행복은 이상 세계가 아닌 현실 세계에 존재한다고 생각했다. 그는 행복이 '삶의 궁극적인 목적'이라면서, 이상적이고 초월적인 선보다 현실에서 인간에게 좋은 것을 이성적으로 추구하면 행복에 이를 수 있다고 했다.

중세에는 인간이 참된 행복에 도달하려면 신앙을 통해 영원하고 완전한 절대자인 신과 하나가 되어야 한다고 여겼다. 현세의 삶은 단지 진정한 행복을 얻기 위한 예비 단계일 뿐이며, 신과 만날 수 있는 내세에서 진정한 행복을 얻을 수 있다는 것이다.

조토 디 본도네(1266~1337), 〈프란체스코의 황홀경〉. 중세 서양에서는 두터운 신앙심이 행복의 근원이었다.

이를 위해 육체와 육체에서 비롯된 모든 욕망을 억누르고 자제해야 한다고 했다. 육체적인 욕망은 진정한 쾌락의 원천이 될 수 없을 뿐만 아니라, 진정한 행복의 실현을 방해하기 때문이다. 또한 중세에는 물질적인 부에 대한 집착이 신앙 생활을 방해할 수 있다고 보고, 부를 지나치게 드러내거나 화려하게 치장하는 행위를 금기시했다. 즉, 중세에는 외적으로 남들에게 보이는 모습이 누추할지라도 내적으로 신에게 귀의하여 신과 하나가 되면 마음이 환하게 빛나며 삶의 기쁨을 얻을 수 있다고 본 것이다.

르네상스 이후 근대로 접어들면서부터는 행복을 쾌락, 이익 등의 물질적 만족과 연관 지어 설명하는 경우가 많아졌다. 이탈리아의 피렌체파 화가 브론치노는 〈행복의 우의화〉라는 그림에서 행복에 담긴 두 가지 속성을 은유적으로 보여 준다. 그림 중앙에 행복을 상징하는 여인이 헤르메스의 지팡이와 풍요의 뿔을 들고 있

아뇰로 브론치노(1503~1572), 〈행복의 우의화〉. 가운데 여인이 행복의 표상이다. 여인은 오른손에 헤르메스의 지팡이를 들고, 왼손에 풍요의 뿔을 쥐고 있다.

다(헤르메스는 지상 세계와 지하 세계를 오가며 신의 뜻을 전하는 신이다) 여인이 든 지팡이는 신의 뜻을 전달한다는 의미에서 지혜와 미덕을 상징하며, 뿔은 부를 상징한다고 한다. 이 그림에 따르면 육체적인 욕구를 채워 주는 물질적 요소와 지혜·미덕과 같은 정신적 요소가 균형 있게 갖추어졌을 때 비로소 얻게 되는 것이 행복이라고 할 수 있다.

이처럼 근대에 이르러 행복의 개념이 바뀐 것은 산업과 상업의 발전으로 자본가가 사회 주도 세력으로 성장하고, 동시에 과학이 발전하면서 물질이 인간의 삶과 행복에 끼치는 영향력이 크게 확대된 결과이다. 중세의 지나친 금욕주의를 거부하고 인간의 삶에서 물질적·정신적 욕구를 충족하는 방향으로 행복의 기준이 옮겨 간 것이다.

# 8.
# 지역에 따라 행복의 기준은 어떻게 다를까?

국제 연합(UN)은 각 나라의 1인당 국민 소득, 사회적 지원, 기대 수명, 선택의 자유, 관대함, 부패 인식, 암울한 분위기(dystopia) 등을 기준으로 행복 지수를 산출한다. 이는 한 나라의 물질적 안정과 정치 상황, 자유의 실현 등을 종합적인 수치로 평가하고 순위를 매기는 것이다. 이러한 서열화는 여러 국가 구성원들의 기본 생활 환경을 비교함으로써, 상대적으로 서열이 낮은 국가에 자기반성과 변화의 기회를 줄 수 있다는 점에서 의의가 있다. 2015년 국제 연합의 세계 행복 지수 보고서에 따르면 한국의 행복 지수는 세계 158개국 중 47번째로 나타났다. 행복 지수가 가장 높은 나라는 스위스이고, 아일랜드·덴마크·노르웨이·핀란드·네덜란드·스웨덴 등 북유럽 나라들의 행복 지수가 높게 나타났다.

그러나 일반적인 행복의 기준에 따라서 만든 행복 지수가 모든 개인의 행복 정도를 완벽하게 대변할 수는 없다. 지역마다 자연환경과 인문 환경이 다르고, 또 이를 받아들이는 개인의 가치관도 다르기 때문이다. 특히 한 사회의 지리적 환경과 문화·역사적 배경 등은 개인의 삶에 끼치는 영향이 매우 크다. 이러한 요소가 복합적으로 작용하여 특정한 사회 분위기를 만들면 한 사회 내에서 행복한 삶이 무엇인가에 대한 기준이 자연스럽

전통문화 속에서 자라나는 부탄의 아이들

게 형성된다.

　히말라야산맥 동쪽에 있는 작은 나라 부탄은 지속 가능한 국가 발전을 위해 독특한 모형의 국민 행복을 추구하고 있다. 흔히 경제 발전을 평가하는 1인당 GNP(국민 총생산)나 GDP(국내 총생산) 같은 개념이 아니라 소득, 자산 등의 물질적인 지표와 함께 심리적인 여유, 만족, 건강, 생태 다양성, 공동체 의식 등 다양한 영역의 지표를 활용한 '국민 행복 지수'(Gross National Happiness)를 강조한다. 국민 행복 지수는 성장 위주의 경제 발전보다 전통문화에 기초하여 국민의 삶의 질과 행복감을 높이려는 정책의 바탕이 되었다.

이러한 노력은 부탄의 자연환경, 인문 환경 등과 밀접하게 관련된다. 부탄은 척박한 자연환경과 1차 산업에 의존하는 산업 구조 때문에 소득이 높지 않다. 그래서 청정한 자연과 공동체의 전통문화 등을 활용한 관광 산업 육성에 관심을 기울였으며, 그 결과 지역 환경을 보전하면서도 지속적으로 부가 가치를 창출하게 되었다. 또한 잘 보존된 자연과 전통 등은 그 자체로 사람들의 행복 지수를 높이는 요소가 되었다.

한편, 북유럽의 대표적인 행복 국가인 덴마크는 '휘게' 문화로 유명하다. '휘게'(hygge)는 '웰빙'이라는 뜻의 노르웨이어에서 유래된 덴마크어로, 사람과 함께 있을 때 느끼는 단란함과 편안한 분위기를 말한다. 곧, 휘게는 '편안하고 아늑한 상태를 추구'하는 덴마크식 생활 양식을 상징적으로 표현하는 말이다.

덴마크 사람들은 가족과 식사한 뒤 편안하게 휴식을 취할 때, 아늑한 공간에서 사랑하는 사람과 시간을 보낼 때, 양초를 켜고 맛있는 음식을 먹으며 대화를 나눌 때, 느끼는 행복감 등을 휘게라고 표현한다. 이들은 "휘겔리한 시간 보내세요." "만나서 진심으로 휘게합니다." "정말 휘겔리한 거실이군요."와 같이 '휘게'와 '휘겔리'라는 말을 입버릇처럼 사용한다. 휘게 문화는 누군가와 함께 보내는 따뜻하고 친근한 느낌을 중시한다. 그래서 덴마크 사람들은 긴장감을 풀고 서로를 배려한다. 이런 휘게 문화에서 알 수 있듯이 덴마크에서 행복이란 개인적인 성취에서 오는 만족감이라기보다는, 다른 사람들과 소통하고 함께하는 과정에서 얻는 정서적 안정에 가깝다고 볼 수 있다.

많은 사람들이 덴마크의 휘게 문화는 춥고 습한 지리적 환경과 관련되어 있다고 얘기한다. 덴마크는 빙하가 퇴적되면서 만들어진 평야에 위치한 까닭에 일 년 내내 바람이 많고, 겨울이 몹시 춥다. 이런 척박한 환경에서 타인과 교류하면서 따뜻한 감정을 얻는 것이 삶의 만족감을 높이는 데 기여하게 되었다는 것이다.

## 중산층의 다양한 기준 🐦

다음 표는 각 나라의 사회 분위기와 가치관에 따라 중산층의 기준이 어떻게 다른지를 나타낸다. 중산층의 기준은 한 사회가 지향하는 행복한 삶의 기준이 어디에 있는지를 보여 주는 하나의 지표이기도 하다. 이를 토대로 바람직한 행복의 기준을 유추해 볼 수 있다.

| 프랑스 | 한국 |
|---|---|
| 1. 외국어를 하나 정도는 할 수 있을 것<br>2. 직접 즐기는 스포츠가 있을 것<br>3. 다룰 줄 아는 악기가 있을 것<br>4. 남들과는 다른 요리를 만들 수 있을 것<br>5. '공분'에 의연히 참여할 것<br>6. 약자를 도우며 봉사 활동을 꾸준히 할 것 | 1. 부채 없이 30평 이상 아파트를 소유할 것<br>2. 월 급여 500만 원 이상일 것<br>3. 2000cc급 중형차를 소유할 것<br>4. 예금 잔고가 1억 원 이상 일 것<br>5. 해외여행을 1년에 한 번 이상 다닐 것 |
| 영국 | 미국 |
| 1. 페어플레이를 할 것<br>2. 자신의 주장과 신념을 지닐 것<br>3. 독선적으로 행동하지 말 것<br>4. 약자를 두둔하고 강자에게 대응할 것<br>5. 불의, 불평, 불법에 의연히 대처할 것 | 1. 자신의 주장에 떳떳할 것<br>2. 사회적 약자를 도울 것<br>3. 부정과 불법에 저항할 것<br>4. 테이블 위에 정기적으로 받아 보는 비평지가 놓여 있을 것 |

*각 나라의 중산층 기준은 프랑스의 경우는 조르주 퐁피두 대통령이 공약집에서 제시한 내용이고, 영국은 옥스퍼드 대학에서 제시한 것이며, 미국은 공립 학교에서 가르치는 내용이다. 한국은 직장인을 대상으로 설문 조사한 결과이다.

# 9.
# 우리는 무엇을 위해 살아갈까?

– 성찰하는 삶

아프리카에는 '스프링복'이라는 영양이 있다. 스프링복은 집단에서 이탈하는 것이 두려워 수천 마리씩 떼 지어 다닌다. 이렇게 몰려다니다 보니 뒤에 있는 스프링복은 풀을 뜯어 먹을 수 없게 된다. 그래서 뒤에 있는 스프링복들은 앞으로 나가기 위해 앞에 있는 스프링복들을 밀고, 뒤에서 자꾸 미니까 앞에 있는 스프링복의 발걸음이 빨라져 뛰게 된다. 앞에 있는 스프링복이 뛰면 뒤에서는 집단에서 이탈할까 두려워 같이 뛴다. 결국 모두 덩달아 뛰는 것이다. 왜 뛰는지, 어디로 뛰는지 모른다. 이렇게 그칠 줄 모르고 뛰다가 벼랑을 만나면, 앞에 가던 스프링복은 뒤에서 달려오는 스프링복에 밀려 떨어지고 뒤에 있는 스프링복은 뛰어가던 속도를 늦추지 못하고 떨어져 몰사하기도 한다.

현대 사회의 인간은 스프링복과 같은 어리석음을 범하고 있는 것이 아닐까? 우리는 무엇을 위해 죽기 살기로 공부하고, 대학에 가고, 돈을 벌려고 할까? 공부하는 이유, 돈 버는 이유를 생각하지 않고 그저 열심히 남의 뒤를 따라가고 있는 것은 아닌지 생각해 볼 필요가 있다.

부나 명예는 행복한 삶을 살기 위한 하나의 수단이다. 그러나 사람들은 이 점을 잊어버리고 물질적인 성취에 집착하거나 타인과 비교하며 쫓기듯 살아가는 경우가 많다. 행복을 추구한다고 하지만 오히려 진정한 행복에서 멀어져 가는 셈이다.

이와 관련하여 아리스토텔레스의 행복론을 살펴볼 필요가 있다. 아리스토텔레스는 모든 존재에는 그 나름의 목적이 있다고 보았다. 인간의 모든 행위에도 목적이 있는데, 아리스토텔레스는 인간 행위의 궁극적인 목적이 행복의 실현에 있다고 했다.

그는 삶의 궁극적 목적인 행복을 실현하려면 삶의 지혜를 갖추어야 한다고 보았다. 또 삶의 지혜를 갖추려면 무엇이 옳고 무엇이 그른지를 이성적으로 구분해야 한다고 강조했다. 아리스토텔레스는 이를 바탕으로 자신에 대한 이해, 자신이 놓인 상황에 대한 분석을 더해 자아를 실현하면서 행복이라는 궁극적인 목적에 도달하게 된다고 여겼다.

인간은 이상적인 가치를 발견하고, 그 가치를 삶의 과정에서 어떻게 이끌어 낼 수 있는지 이성적으로 생각할 수 있다. 그러므로 오늘 내가 살아가고 있는 방향이 행복을 실현하는 데 도움이 되는지 끊임없이 성찰하면서, 삶이 잘못된 길로 접어들었을 때 바로잡을 수 있어야 한다.

# 10.
# 행복한 삶이란 어떤 삶일까?

행복의 모습은 사람마다 다르다. 각자 놓인 상황과 조건이 다르기 때문에 행복이 어떤 모습으로 실현되는지는 다를 수밖에 없다. 다음 사례들을 살펴보면서 행복을 실현하기 위해 갖추어야 할 자세를 생각해 보자.

"스스로 한계를 정하지 말아요. 나는 팔다리도 없지만 날마다 새로운 것에 도전합니다." 팔다리 없이 태어난 한계를 극복하고 이제는 세계적인 명강사이자 작가로 거듭난 닉 부이치치의 말이다. 그는 자기가 갖지 못한 것보다 자기가 가진 것에 집중하라고 강조한다. "제가 할 수 있으면, 여러분도 할 수 있습니다. 저는 '닭다리' 같은 작은 왼쪽 발 하나밖에 없지만, 두

닉 부이치치

발가락으로 컴퓨터 자판도 치고 샤워, 칫솔질, 옷 입기 등 거의 모든 생활을 혼자 해결합니다."

실제로 그는 축구, 스카이다이빙 등 온갖 스포츠에 끊임없이 도전해 성취하는 기적을 일구었다. "세상에 완벽한 나무나 꽃이 있나요? 우리는 다 다르게 생겼기 때문에 아름다워요."

다음은 충북 충주의 청년 농부 류상미 씨의 말이다.

"저는 대학에서 컴퓨터 공학을 전공했어요. 졸업 후 직장 생활을 하면서 스트레스를 많이 받았죠. 그 무렵 친한 친구가 뇌종양 판정을 받고 6개월 만에 덧없이 하늘로 가는 것을 보면서 인생을 다시 돌아보게 됐어요. 그 친구는 맨날 일만 하고 열심히 살면서도 더 열심히 살아야 한다고 말했거든요. 부모님은 제가 농사짓는 것을 싫어하셨어요. 당신들이 힘드니까 자식들은 편히 살기를 바라셨죠. 그런데 오히려 언니랑 저는 사과를 키울 때 큰 보람을 느꼈어요. 돈하고 관계없이요. 내가 직접 키워서 먹는다는 것에 매력과 재미를 느꼈어요. 그게 가장 큰 이유 같아요. 대학 다닐 때도 친구랑 나중에 같이 농사짓자는 얘기를 많이 했어요."

위의 두 사례는 우리가 흔히 '행복한 삶'이라고 여기는 것과는 조금 다르게 살아가는 사람들의 이야기이다. 닉 부이치치는 많은 사람들이 행복의 대표적인 지표 중 하나라고 생각하는 신체의 온전함을 갖고 태어나지 못했다. 하지만 그는 스스로 한계를 극복하면서 얻는 만족감이나 성취감을 통해 행복을 추구한다. 자아를 실현하면서 동시에 공동체를 위해 자신의 역할을 다한다는 점에서도 긍정적인 모습이다.

류상미 씨는 현실이 주는 삶의 무게감에 힘들어하는 자신을 발견하고 행복한 삶을 찾아 귀농하는 결단을 내렸다. 그는 진정 행복해지기 위해 사회의 획일화된 행복의 기준을 과감히 버리고, 자신만의 행복의 기준을 설정하여 실천에 옮긴 것이다.

# 11.
# 행복하게 살아가려면 무엇이 필요할까?

─정주 환경과 행복한 삶

대부분의 인간은 일정한 장소에 삶의 터전을 일구고 살아간다. 인간이 터를 잡고 살아가는 주거지와 그 주변의 자연환경, 그리고 교통, 상업 시설, 교육·문화 시설 등의 인문 환경을 아울러서 정주 환경이라고 한다.

인간은 필요한 것을 얻어 일상생활을 유지하고 행복한 삶을 살아가기 위해 좋은 정주 환경을 만드는 데 애써 왔다. 또 좋은 정주 환경의 조건은 무엇인지도 연구해 왔다.

조선의 실학자 이중환(1690~1756?)은 『택리지』에서 질 높은 정주 환경의 요건으로 네 가지를 꼽았다. 그는 주거지를 선정하는 기준으로 지리(地利), 생리(生利), 산수(山水), 인심(人心)을 제시했다.

먼저 지리는 풍수지리적인 명당을 뜻한다. 땅이 생긴 모양을 보고 복이나 이익을 얻을 수 있을지 풍수적으로 점검하여 후손들에게 끼칠 영향을 고려한 것이다. 다음으로 생리는 그 땅에서 나오는 산물이나 경제적 이익을 뜻하는 것으로, 땅이 주는 먹을거리가 얼마나 풍요로운지를 점검하는 것이다. 그리고 산수는 빼어난 경치를 의미한다. 주거 공간이 주는 삶의 여유와 풍류를 즐기는 정신적인 만족감까지 고려하는 것이다. 마지막으로 인심은 그 지역 사람들의 넉넉한 마음을 가리킨다. 어떤 지역에 거주한다는 것은 그곳 주민들과 함께 어울려 살아야 하는 것을 뜻하기 때문에, 좋은 인심은 행복한 삶에 큰 영향을 끼칠 수밖에 없는 것이다.

네 가지 중에서도 특히 생리는 주거지를 선정할 때 가장 중요한 기준으로 여겼다. 농업 중심 사회에서 물과 경지를 확보할 수 있는 지리적 환경이 먹고사는 문제를 해결하는 필수 요소였기 때문이다.

산업화가 이루어진 현대의 정주 환경은 『택리지』에서 제시한 조건과는 조금 다를 수 있다. 그러나 질 높은 정주 환경이 사람이 살아갈 만한 경제적 조건과 사회적 조건, 자연환경을 갖춘 곳이라는 점에서는 똑같을 수밖에 없을 것이다.

# 12.
# 왜 생태 도시를 만들려고 할까?
– 생태 환경과 행복한 삶

　과학 기술이 발전하고 산업화가 이루어져 자본이 축적되면서 인간은 자연에 순응하기보다 자연을 변형, 개발하여 더 편리한 주거 환경을 만들기 시작했다. 비바람을 거뜬히 이겨 내는 튼튼한 가옥, 먼 곳까지 빠르게 갈 수 있는 도로, 돈만 있으면 무엇이든 원하는 것을 살 수 있는 대형 슈퍼마켓, 상하수도 시설, 종합 병원 등 물질적으로 풍요로운 환경이 만들어진 것이다.

　그런데 생활이 풍요로워질수록 부작용도 동시에 커졌다. 도시화가 진전되면서 이웃 간에 정을 나눌 기회가 점점 사라지고, 공업화는 미세 먼지나 수질 오염 등 심각한 환경 문제를 가져왔다.

　최근에는 이러한 문제를 해결하고 인간적이며 친환경적인 정주 환경을 만들어 삶의 질을 높이기 위해 다양한 시도를 하고 있다. 인간의 건강한 미래를 위해서 지속 가능한 환경을 고민하지 않을 수 없는 시점에 이른 것이다. 예컨대 자연과 공존할 수 있는 생태 환경을 만들어 구성원의 행복을 증진하는 생태 도시가 그것이다.

　일반적으로 생태 도시란 공해 발생과 자연 파괴를 줄여 인간이 자연과 조화롭게 살아갈 수 있도록 조성한 도시를 말한다. 높은 녹지 비율, 태양

독일 프라이부르크 보봉 마을의 태양광 발전 주택

광·풍력 등의 무공해 발전 시설, 한번 사용한 수돗물을 생활용수 등으로 재활용할 수 있도록 처리하는 중수도 시설, 포장을 최대한 줄인 도로와 전차·모노레일 등의 무공해 교통망, 도심 속 농경지 등 다양한 방법이 생태 도시를 만드는 데 활용된다.

　독일의 프라이부르크는 살기 좋은 생태 환경 조성에 성공하여 전 세계적으로 생태 도시의 표본이 되고 있다. 프라이부르크는 1970년대 초반 시민들이 원자력 발전소 건설에 반대하고 석탄·석유 에너지 절약 운동을 하면서 생태 도시로 발돋움했다. 지역 주민들 스스로 태양광 발전을 바탕으로 하는 친환경 도시를 설계하였으며, 녹색 교통망, 물 자원 순환 시스템 등 다양한 생태 기반 시설을 갖추었다.

프라이부르크에서는 '파크 앤드 라이드'(Park & Ride) 시스템에 따라 전차 또는 자전거를 이용하거나 도보로 도심에 진입하게끔 유도한다. 모든 대중교통을 이용할 수 있는 환경 정기권을 보조금을 통해 시민들에게 지급하기도 한다. 또한 공공시설엔 태양열 집열판을 설치하고, 소수력 발전(환경 파괴를 최소화하기 위한 작은 규모의 수력 발전), 열병합 발전(전기를 생산할 때 버려지는 폐열을 모아 지역난방 등으로 이용하는 발전 방식) 등 재생 가능 에너지를 장려하고 있다. 프라이부르크의 보봉 마을은 마을 전체가 150여 채의 태양광 연립 주택으로 건설되기도 했다.

이러한 자연 친화적 정주 환경을 만드는 것은 인간의 삶의 질을 향상하려는 노력의 일환이다. 물, 대기, 토양 등이 오염된 환경에서는 건강한 삶을 누리지 못할 뿐만 아니라 경제나 문화도 위축될 수밖에 없다. 구성원의 행복을 위해서는 지속 가능한 생태 환경이 필수이다.

# 13.
# 행복한 집은 어디에 있을까?

– 주거 공간과 행복

행복에 가장 큰 영향을 끼치는 정주 환경은 주거 공간이다. 주거 공간이란 사람이 머물러 살기 위해 만든 집을 말한다. 그래서 결혼이나 이사 등으로 자신과 가족이 함께 거주할 집을 선택하는 것은 매우 어려우면서도 중요한 일이다.

인간의 삶은 집의 울타리 안에 사리 잡고 보호받는다. 인간은 집에서 근본적 공동체인 가족과 처음으로 인간관계를 맺으며 사랑과 정을 배운다. 그런 의미에서 바슐라르(1884~1962)는 『공간의 시학』이라는 책에서 집을 "거친 세상에 내던져지기 전에 인간을 품어 주는 요람"이라고 말했다.

그러나 요즘에는 집의 본래 의미를 잊고, 집을 금전적 이익을 얻기 위한 수단이나 타인에게 자신의 부를 과시하기 위한 수단으로 여기는 사람이 늘고 있다. 집을 경제적 가치만으로 평가하다 보니, 우리는 가장 행복한 집이 어디에 있는지는 몰라도 세상에서 가장 비싼 집이 어디에 있는지는 알 수 있다.

하이데거(1886~1976)는 집의 본래 의미를 상실한 현대인의 삶을 고향을 잃어버린 삶으로 묘사하며, 현대인들이 집의 경제적인 가치에 집착하면서 안정된 삶의 세계를 잃어버렸다고 지적한다. "모든 존재는 자신의 고

유성을 유지하면서 다른 존재와 서로 애정을 품고 조화롭게 공존한다. 그런데 인간은 주변의 모든 존재를 인간을 위한 에너지원으로 삼아 지배하고자 한다." 곧, 현대인들은 서로 애정을 나누며 자연스러운 유대를 형성하고 전통과 가치를 공유하는 공간을 상실한 채 살아가고 있다는 것이다.

집은 '사는 것'이 아니라 '사는 곳'이다. 집이 얼마나 비싸고 화려한가보다는 나와 가족의 가장 기본적인 안식처로서 합당한지를 고려하는 자세가 행복에 더 크게 기여한다. 그리고 이런 자세를 갖출 때, 우리 가족의 과거, 현재, 미래의 삶을 담아낼 공간으로서 집을 소중하게 여기며 가꿀 수 있을 것이다.

세계에서 가장 비싼 집으로 알려진 건물 안틸라와 내부의 모습이다. 인도 뭄바이에 있는 27층의 이 건물은 면적이 3만 7161제곱미터(약 1만 1000평)로 축구장 5개를 합친 것보다 큰 규모이다. 6000여 개의 방, 160대를 주차할 수 있는 주차장, 수영장, 와인바, 무도장과 소극장 등이 있다. 건물 내부는 황금 샹들리에, 크리스털 천장, 수백 점의 명화로 장식되어 있다고 한다. 안틸라에는 주인인 암바니와 부인, 자녀 세 명 등 다섯 식구가 살고 있다.

# 14.
# 소득과 행복은 항상 비례할까?

경제적인 충족은 삶의 안정적인 바탕이 된다는 면에서 행복의 중요한 요소이다. 특히 소득의 대부분을 식료품이나 생필품을 구입하는 데 소비하는 저소득층의 경우, 경제적인 안정을 유지하는 것이 행복한 삶을 누리기 위한 필수 조건이다. 경제적으로 불안정한 사람들은 고소득자보다 돈 문제를 더 많이 걱정하고 질병 같은 위기에 대처하기도 어렵다. 심지어 영양 섭취와 위생 상태가 나쁘면 질병에 걸릴 위험이 높아지기도 하고, 낮은 사회적 지위 때문에 의욕이 떨어져 우울한 기분을 느끼는 경우도 많다.

그렇다면 소득이 늘어나면 사람들은 더 행복해질까? 사실상 어느 정도 경제적 안정성이 확보된 경우에는 소득의 증가와 행복이 늘 비례하는 것은 아니다.

절대 빈곤 상태를 넘어서 소득이 증가하는 시기에는 경제 성장 효과가 크고, 이에 따라 국민들의 평균 행복 지수도 함께 증가했다. 그러나 국민 소득이 증가해도 평균 행복 지수는 크게 변화하지 않았으며 오히려 낮아진 경우도 있었다. 즉, 소득이 크게 늘어나면 일시적으로 행복 지수가 높아지기도 하지만, 높아진 소득에 익숙해진 사람들은 곧 원래의 행복 수준으로 되돌아갔다. 경제력이 행복과 직접 연관되지는 않는 것으로 나타난 것

## 미국인의 행복 지수 추이
### (1945~1990)

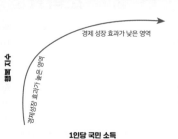

## 경제 성장 효용 체감 곡선

경제 성장 효과가 낮은 영역

자료: 『경제학, 행복을 말하다』, 프라이·스터처 공저

이다.

웬만큼 경제적으로 안정되면 경제적인 조건보다는 정서적·심리적 요소가 인간의 삶에 더 큰 영향을 준다. 또한 행복에 대한 기대 수준이 높아지면서 더 많은 것이 충족되어야 행복하다고 느낀다. 예컨대 끼니를 해결하기 어려운 사람에게는 밥 한 그릇이 주는 행복이 매우 크지만, 끼니 걱정이 없는 사람에게 밥 한 그릇이 주는 행복은 그리 크지 않다. 개중에는 유명한 셰프가 진귀한 재료들로 세심하게 만든 음식이어야 만족하는 사람들도 있을 것이다. 끼니 문제가 해결되면 그것을 넘어서 미식을 경험하고자 하는 인간의 욕구 때문이다. 인간은 끊임없이 더 크고 새롭고 좋은 것을 욕구하기 때문에, 인간의 욕망을 완벽하게 충족한다는 것은 불가능에 가깝다.

이와 관련하여 도가의 가르침이 우리에게 시사하는 바가 크다. 노자는 '지족불욕'(知足不辱)이라 하였다. 분수를 지켜 만족할 줄 아는 사람은 욕되지 아니한다는 뜻으로, 자기가 가진 것에 만족할 줄 아는 사람은 치욕이나 위험, 손실을 면할 수 있다는 것이다. 노자는 만족할 줄 아는 사람이야말로 정신적인 안정과 만족감으로 가득 찬 인생을 살 수 있으며, 만족할 줄 아는 것이 실제로 부(富)라고 보았다. 즉, 노자는 자연의 흐름에 맞는 소박하고 검소한 삶을 행복한 삶이라고 본 것이다.

다음으로, 장자는 지극한 즐거움은 즐거움이 없는 것이라는 '지락무락'(至樂無樂)을 주장했다. 장자가 이렇게 역설적인 주장을 편 것은 인간이 궁극적으로 '추구해야 하는' 즐거움과 인간이 맹목적으로 '추구하는' 즐거움을 구분했기 때문이다. 많은 사람들이 부와 명예, 편안함 같은 것을 얻음으로써 행복을 찾을 수 있다고 생각한다. 그런 것을 많이 가질수록 진정한 행복을 얻을 수 있다고 믿기도 한다. 그러나 장자는 세상 사람들의 그런 생각은 스스로 무의미한 허영과 부담을 불러오는 것이라고 보았다. 그는 "평생 다 쓰지도 못할 만큼 많은 돈을 모으기 위해 열심히 일하는 부자는 건강을 해치기 때문에 육체의 생명을 유지하려는 인간 본연의 목적에서 너무 멀리 벗어나지 않았는가? 또 지위를 지키기 위해 늘 불안에 사로잡혀 밤낮으로 애쓰는 귀족은 육체의 생명을 돌보는 일에 실패하지 않았는가?"라고 강조하면서 물질에 집착하는 인간의 어리석음을 비판했다.

# 15.
# 돈은 행복을 위한 충분조건일까?

절대 빈곤의 상황에서 기아와 질병으로 고통받는 사람들의 행복 실현에 관해 생각해 보자. 예컨대 아프리카의 수단 같은 나라에서는 기아로 인한 사망률이 매우 높다. 이런 상태에서는 물질적인 만족도 정신적인 충만함도 느끼기 어렵기 때문에 행복을 꿈꾸기가 어렵다.

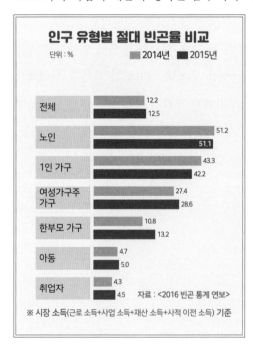

절대 빈곤은 아프리카 사람들에게만 해당하는 문제가 아니다. 우리나라의 절대 빈곤율˙을 보면, 전체 인구의 12퍼센트 정도가 절대 빈곤자로 나타난다. 노인이나 여성, 아동 등 생산 활동에 적극 참여하기 어려워 스스로 빈곤을 탈출할 수 없는 계층이 대부분이다. 가난과 굶주림에서 오는 고통이 있으면

인구 유형별 절대 빈곤율 비교

단위 : %    2014년  2015년

| | 2014년 | 2015년 |
|---|---|---|
| 전체 | 12.2 | 12.5 |
| 노인 | 51.2 | 51.1 |
| 1인 가구 | 43.3 | 42.2 |
| 여성가구주 가구 | 27.4 | 28.6 |
| 한부모 가구 | 10.8 | 13.2 |
| 아동 | 4.7 | 5.0 |
| 취업자 | 4.3 | 4.5 |

자료 : <2016 빈곤 통계 연보>

※ 시장 소득(근로 소득+사업 소득+재산 소득+사적 이전 소득) 기준

인간은 행복을 실현할 수 없다. 따라서 생계를 유지하기 위한 정도의 돈은 행복을 위한 필요조건으로 볼 수 있다. 적어도 생계유지에 급급한 상황을 벗어나야 행복한 삶을 실현하기 위한 기본 조건이 마련되는 것이다.

그래서 이들이 절대 빈곤 상태를 벗어나 생계를 유지하기 위해서는 이웃, 사회, 국가의 도움이 필요하다. 이웃들은 관심과 배려로써 이들이 소외받지 않게 보살피고, 시민 단체는 모금이나 캠페인 활동을 통해 이들이 차별받지 않고 함께 살아가도록 도와줄 수 있다. 국가는 다양한 복지 제도를 마련하여 모든 국민이 인간다운 삶을 살 수 있게 해야 한다. 또한 실업 대책을 마련하여 빈곤 계층이 스스로 돈벌이를 할 수 있는 환경을 만드는 것도 필요하다.

경제적 '안정'은 행복을 실현하기 위한 필수 조건이지만, 경제적 '풍요'가 반드시 필요한 것은 아니다. 소득 증가가 언제나 행복의 증가로 이어지지는 않기 때문이다. 끊임없이 경제적인 부만을 추구하면 오히려 행복을 실현하는 데 방해가 될 수도 있다.

---

● **절대 빈곤율** : 가구의 한 달 소득이 최저 생계비 수준에도 미치지 못하는 절대 빈곤 가구의 비율이다. 이와 비교하여 상대 빈곤율은 기준이 중위 소득이다. 중위 소득이란 전체 가구의 소득 순위를 매겼을 때 한가운데를 차지하는 가구의 소득을 말하며, 중위 소득의 50퍼센트 미만인 경우를 상대적 빈곤층으로 정의한다. 2010년 기준 우리나라의 상대 빈곤율은 14.73퍼센트로, 1992년(7.68퍼센트)보다 두 배 정도 늘었다.

# 16.
# 진정한 행복이란 무엇일까?

보름달이 환하게 뜬 어느 밤에 개와 늑대가 우연히 만났다. 개는 아주 통통하고 털에 윤기도 자르르 흘렀다. 늑대는 그런 개가 부러웠다.

"자네는 꽤 잘 먹고 사는 것 같은데, 어떻게 먹고 사는 거지?"

개가 대답했다.

"먹을 거라면 난 걱정이 없어. 우리 주인님의 사랑을 듬뿍 받으며 편히 먹고 놀면서 지낼 수 있거든. 우리 집에 같이 가겠나? 자네도 나처럼 지낼 수 있어."

비바람과 굶주림에 지친 늑대는 개의 제안을 받아들이고 함께 개의 집으로 향했다. 그런데 문득 개의 목에 난 상처를 본 늑대가 개에게 물었다.

"이 상처는 뭐야?" 그러자 개는 "주인님이 이유 없이 때리거나 쇠사슬로 묶어 두기도 하거든. 그것만 참으면 항상 배부르게 먹을 수 있어."라고 말했다. 늑대는 그 말을 듣고 걸음을 멈췄다.

"나는 온종일 굶더라도 자유롭게 사는 게 더 좋아. 난 내가 살던 곳으로 돌아가겠네."

개처럼 살고 싶은가, 늑대처럼 살고 싶은가? 어쩌면 개와 같은 삶을 살고 싶다는 사람들도 있을지 모르겠다. 그런데 자유가 없는 삶이 과연 진정으로 행복할 수 있을지 생각해 봐야 한다. 운명을 극복하려고 애쓰지도 않고 주어진 것을 받아들이며 그저 배부르고 등만 따뜻하면 만족스럽다고 할 수 있을까? 이에 대해 많은 사람들은 그렇지 않다고 말할 것이다. 구속과 감시에서 해방되고 내가 하고 싶은 것을 하는 자유, 말이나 행동이 나로 말미암아 시작되는 자유를 바탕으로 할 때 진정한 행복이 실현될 수 있기 때문이다.

자유주의 철학자 로버트 노직(1938~2002)은 다음과 같은 가정을 통해 행복에 끼치는 자유의 중요성을 역설한다.

"원하는 것을 모두 누릴 수 있게 해 주는 기계가 있다고 하자. 그 기계에 전극을 꽂고 연결되어 있기만 하면 자신이 위대한 소설을 쓰고 있거나 친구와 즐거운 시간을 보내고 있거나 책을 읽고 있다고 느끼게 해 준다." 그러니까 실제로는 무기력한 상태인데도 마치 즐겁고 활기찬 인생을 누리는 듯 느끼게 하는 '행복 기계'가 있다. 노직은 그런 기계가 있다면 평생 그 기계에 연결된 채 살 것인지 우리에게 묻는다.

기계 속에서 행복을 누리는 데는 자신의 기호에 맞는 물리적인 자극만 있으면 된다. 그러나 인간에게는 행복을 느끼는 것을 넘어

이성, 선택, 자유, 책임 등 인간을 인간답게 만드는 가치들이 있다. 노직은 그렇기 때문에 행복 기계 속의 인간은 존엄성을 지닌 인격체가 아니라 하나의 살덩이에 지나지 않는다고 보았다. 그 기계 속에서 아무리 원하는 즐거움을 누린다 하더라도 그를 행복한 사람이라고 말할 수는 없다. 행복 기계 속의 인간과 속박된 채 안락한 삶을 살아가는 개가 무엇이 다르겠는가?

실제로 노직은 대다수 사람들이 환상 속의 행복보다는 정도가 덜할지라도 현실의 삶을 선택할 것이라고 보았다. 인간은 늑대처럼 자유롭게 스스로 선택하는 삶을 살아갈 때 더 큰 꿈을 꾸고 자아를 실현하면서 진정한 행복에 다가갈 수 있다. 인간의 삶이란 개인의 수많은 선택과 결정이 만들어 낸 작품과 같다. 주체적으로 결단하고 선택하며 살아가는 과정 자체에서 행복을 느낀다. 주어진 것을 받아들여 배부른 상태에서 느끼는 만족감보다, 스스로 먹을 것을 선택하고 먹는 과정 속에서 더 많은 행복을 느끼는 것이다.

# 17.
# 민주주의의 발전이
# 나의 행복과 관계가 있을까?

아메리카 대륙으로 이주하여 정착한 사람들은 유럽 여러 나라에서 사회적·종교적인 자유를 위해 새로운 땅을 찾은 이들이다. 영국의 퀘이커 교도들은 펜실베이니아에, 청교도들은 뉴잉글랜드 지방에 정착했다. 아메리카로 추방당하는 대신 자유를 얻은 영국의 정치범들은 조지아에 무리 지어 정착했다. 이들은 각 지역에서 새로운 경제적·정치적·종교적 구조를 만들었는데, 이것이 1776년 독립을 선언한 미국 13개 주의 시초이다.

17~18세기에 세상의 중심은 유럽이었다. 당시 유럽 사회에는 왕권과 의회의 갈등, 종교 박해, 빈부 갈등 등 여러 가지 사회 문제가 존재했다. 사람들이 아메리카 대륙으로 이주한 것은 이러한 유럽 사회의 혼란과 모순에서 벗어나려는 하나의 시도였다. 이주민들은 살던 곳을 과감히 떠나 새로운 땅에서 평화롭고 자유로운 삶을 개척하고자 한 것이다.

미국 독립 선언서는 모든 인간은 자신의 행복을 추구할 권리를 지니며, 국가는 모든 구성원의 행복을 보장해야 할 의무가 있다는 점을 천명하고 있다. 미국 독립 선언서 2장을 살펴보자.

모든 사람은 평등하게 태어났고, 창조주는 몇 개의 양도할 수 없는 권리

영국 식민지였던 미국의 13개 주가 미국 독립 선언서에 서명하는 순간을 표현한 그림

를 부여했으며, 그 권리 중에는 생명과 자유와 행복의 추구가 있다. 이 권리를 확보하기 위하여 인류는 정부를 조직했으며, 이 정부의 정당한 권력은 인민의 동의에서 유래한다. 또 어떤 형태의 정부든 이러한 목적을 파괴할 때는 언제든지 정부를 개혁하거나 폐지하여 인민의 안전과 행복을 가장 효과적으로 가져올 수 있는, 그러한 원칙에 기초를 두고 그러한 형태로 기구를 갖춘 새로운 정부를 조직하는 것은 인민의 권리이다.

미국 독립 선언서에는 생명과 자유와 행복 추구의 권리를 위해 정부가 존재하는 것이며, 그 권력은 인민에게서 나온다는 민주 정치의 원리가 잘 표현되어 있다. 민주적 가치를 지향하는 사회라야 구성원들이 각자 자신의 존엄성을 보장받으며 스스로 행복한 삶을 계획하고 실행할 수 있다.

오늘날 대부분의 나라는 민주주의를 표방하고 있다. 민주주의를 채택한 나라에서는 자유와 평등의 가치를 보장함으로써 인간의 존엄성을 실현하는 것을 이상으로 한다. 이에 따라 모든 인간은 법에 근거하여 저마다의 이익과 행복을 동등하게 보장받아야 한다는 의식이 보편화되었다.

그러나 표면적으로 민주주의를 지향하는 국가라 해도 실제 정치나 제도 등이 민주적으로 운영되지 않는 경우도 많다. 근대 미국을 보더라도 인권과 민주주의를 표방한 것과 다르게 노예제와 같은 비인간적인 제도가 존속했다.

그러므로 자유, 평등, 인간 존엄성과 같은 가치가 실질적으로 구현되는 성숙한 민주 사회를 만들도록 노력해야 한다. 이를 위해서는 무엇보다 먼저 시민들이 자기 의사를 자유롭게 표현하면서 정치에 참여할 수 있는 제도가 마련되어야 한다. 실제로 민주주의가 성숙한 나라일수록 주권자인 시민의 의사가 직접적으로 반영되는 민주적 제도를 안정적으로 운영하고 있다. 또한 의회제, 복수 정당제, 권력 분립제 등을 통해 권력 독점을 견제하고 민의를 왜곡 없이 정치에 반영한다.

시민들은 국가 정책과 제도를 결정하는 과정에 적극적으로 참여하면서 국가 권력을 견제하고 부패를 예방할 수 있다. 자유와 권리를 누리고 행복하게 살아갈 토대를 시민들 스스로 만드는 것이다. 자기가 속한 공동체의 문제를 주체적으로 해결하는 경험은 그 자체로 만족감을 높여 줄 수 있다.

# 18.
# 선한 삶과 행복한 삶은
# 어떤 상관관계가 있을까? - 도덕과 행복

'헬퍼스 하이'(helper's high)라는 말이 있다. 미국의 내과의 앨런 룩스가 선행이 인간에게 끼치는 긍정적인 영향을 강조하면서 사용한 표현이다. 그의 실험 결과에 따르면 대부분의 사람들이 남을 돕는 과정에서 또는 돕고 난 뒤에 정서적으로 충만감을 느낀다고 한다. 그리고 이러한 충만감은 신체에 긍정적인 변화를 야기한다. 단순히 기분이 좋아지는 것만이 아니라 신체적으로도 반응이 일어나는 것이다.

2003년 미시건 대학교 연구 팀은 장수하는 부부를 대상으로 오래 사는 원인을 조사하는 과정에서, 남을 도와주면서 얻는 만족감이 '행복 호르몬'으로 알려진 엔도르핀 분비를 정상치의 3배까지 높이고, 체내 혈압과 콜레스테롤 수치를 낮춘다는 사실을 밝혀냈다. 또 친밀감을 높이고 유대를 강화하는 옥시토신 호르몬 분비를 늘려 불면증과 만성 통증 치료에도 탁월한 효과를 보였다는 결과를 내놓았다.

영국 BBC 방송국이 제작한 다큐멘터리 〈2009 행복 보고서〉에서도 흥미로운 행복의 비결을 찾을 수 있다. 제작진은 장수 지역이면서 삶의 만족도가 다른 지역보다 매우 높은 서식스 지역에 주목했다. 제작진은 그 이유를 알아보기 위해 지역민을 두 그룹으로 나눠 A 그룹에는 일주일에 3회씩 봉사 활동을, B 그룹에는 일주일에 3회씩 취미 활동을 하면서 보낼 것을 주문했다. 그 결과 A 그룹 주민들의 뇌에서는 B 그룹보다 더 많은 도파민이 분비되었다. 도파민이 분비되면 행복감과 쾌감을 관장하는 뇌 영역이 활성화하면서 기쁨이 극대화된다고 한다.

테레사 효과. 직접 선행을 하거나 남의 선행을 바라보는 것만으로도 몸의 면역력이 높아지는 효과가 있다고 한다.

도덕은 남을 위해 자기 자신을 희생하는 것일까? 위의 여러 실험과 사례에 따르면 그렇지 않다. 주변을 위한 친절함과 배려를 담은 봉사가 자신의 신체적·정신적 만족감을 높이는 데도 기여하는 것이다. 즉, 도덕적 행위는 희생이 아니라 상생에 가깝다.

도덕적 실천을 하는 사람은 자신의 행복을 이성적으로 추구하는 동시에 타인의 행복을 증진하는 데 기여하게 된다. 행복을 위해 도덕이 필요한지, 도덕 그 자체를 목적으로 추구하면 행복이 부수적으로 따르는지는 확정할 수 없다. 그렇지만 도덕적으로 성찰하는 삶을 살 때 진정한 삶의 가치를 발견하고 행복으로 이어진다는 것을 부정하기는 어렵다.

반대로 도덕적이지 않은 삶은 행복과 거리가 멀다. 예를 들어 어떤 정치인이 부와 권력을 획득하는 과정에서 누구에게 해를 끼치는 선택을 했다고 가정해 보자. 그는 그 사실이 공개될지도 모른다는 불안감에 시달려야 할 뿐만 아니라, 스스로에게도 떳떳하지 못하다. 적어도 자기 자신에게 당당하지 못한 사람을 행복하다고 볼 수는 없다.

# 2 자연 속에서 가꾸는 삶과 사회

## 자연환경과 인간

◆ 기후란 무엇인가?

◆ 지형이란 무엇인가?

◆ 자연환경은 인간 생활에 어떤 영향을 끼쳤는가?

◆ 인간은 자연환경을 어떻게 극복해 왔을까?

◆ 인간의 삶을 위협하는 자연재해에는 어떤 것이 있을까?

사람들은 자연을 어떻게 대하며, 어떻게 이해하고 있을까요? 자연을 대하고 이해하는 모습은 시대에 따라서, 사람들의 가치관에 따라서 다르게 나타납니다. 자연에 적응하고 순응하며 살아온 사람들이 있는 반면, 자연을 개발하며 이용하는 사람들도 있습니다. 오늘날에는 지나치게 자연을 개발하면서 환경 문제가 큰 쟁점으로 떠오르고 있습니다. 환경 문제를 해결하기 위해 정부와 기업, 시민 단체, 개인 차원에서 다양한 노력을 기울이고 있습니다.

이 장에서는 '자연환경과 인간의 삶은 어떻게 연관되어 있는가'에 대한 답을 찾아가는 과정으로 자연환경과 인간 생활의 관계, 자연관, 그리고 환경 문제를 해결할 방안을 살펴봅니다.

# 19.
# 기후란 무엇인가?

　우리나라는 4월이면 봄을 알리는 개나리와 목련, 벚꽃이 핀다. 기온이 따뜻하여 나들이 가는 사람도 많다. 그러다 7월과 8월이 되면 기온이 30℃ 이상 올라가는 무더위가 찾아오고 소나기가 내린다. 10월이 되면 선선한 바람이 불어오고 산에는 울긋불긋 단풍이 물든다. 12월이 되면 기온이 낮아져 춥고 눈이 오며 얼음이 언다. 이러한 현상은 해마다 되풀이해 나타나기 때문에 우리나라 기후를 사계절의 변화가 뚜렷한 기후라고 한다.

　기후란 오랜 기간에 걸쳐 나타나는 평균적인 날씨를 말한다. 예를 들어보자. 여름철 경상남도 밀양의 기온이 40℃를 오르내리며 최고의 기온을 기록했다는 뉴스를 종종 듣는다. 그러면 마치 밀양이 우리나라에서 가장 더운 지역인 것처럼 생각하기 쉽다. 그러나 우리나라에서 가장 더운 지역은 밀양이 아니라 대구이다. 이따금 밀양의 여름 기온이 대구보다 높아도 지난 30년 동안 대구의 평균 기온이 밀양보다 더 높았기 때문에 대구가 가장 더운 지역인 것이다.

　그러면 기상은 무엇일까? 만약 우리나라 4월 어느 날의 기온이 영하로 떨어지고 함박눈이 내린다면 이는 일시적인 기상 현상이지 기후 현상은 아니다. 즉 '날씨'는 일시적인 기상 현상이고, '기후'는 지속적으로 나타나

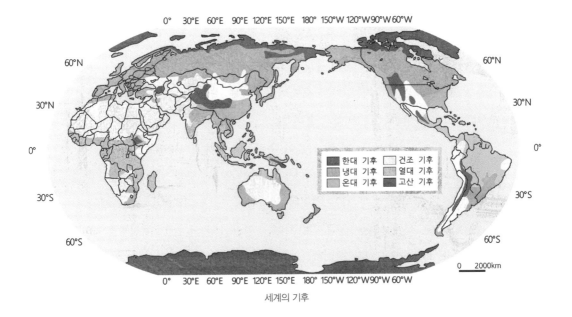

지도의 범례:
- 한대 기후
- 냉대 기후
- 온대 기후
- 건조 기후
- 열대 기후
- 고산 기후

세계의 기후

는 평균적인 기상 현상이다.

그런데 지구상에 나타나는 다양한 기후는 어떻게 구분하는 것일까? 독일의 기상학자 쾨펜은 기후를 잘 반영하는 식물, 즉 식생 분포를 지표로 삼아 기후를 분류했다. 쾨펜은 먼저 나무가 자랄 수 있는 기후와 그렇지 않은 기후를 구분한 뒤, 기온·강수량 계절에 따른 강수의 차이를 기준 삼아 다시 기후를 세분화했다.

나무가 자랄 수 있는 기후에는 열대 기후, 온대 기후, 냉대 기후가 있고, 나무가 자랄 수 없는 기후에는 건조 기후, 한대 기후가 있다.

열대 기후는 적도 부근에서 주로 나타나며, 기온이 높고 강수량이 많아 나무가 울창하게 우거진다. 반면 건조 기후는 연 강수량이 500밀리미터도 안 되어 키 작은 풀과 초목 외에는 잘 자라지 못하고, 땅이 모래와 자갈로 이루어져 있다. 지구상에는 생각보다 넓은 지역에서 이와 같은 건조 기후가 나타난다. 건조 기후 지역 중에서 연 강수량이 250밀리미터 미만인 곳은 식생이 거의 자라지 못하는 사막이고, 연 강수량이 250밀리미터 이상 500밀리미터 미만인 곳은 짧은 풀이 자라는 스텝이다.

온대 기후는 봄, 여름, 가을, 겨울이 뚜렷하고, 최한월 평균 기온이 영하 3℃ 이하로 떨어지지 않는 기후이다. 우리나라에서는 중부 일부와 남부 지방, 제주도 지역이 온대 기후 지역에 해당한다. 냉대 기후는 최한월 평균 기온이 영하 3℃ 이하로 떨어지고 최난월 평균 기온이 10℃ 이상으로 올라가 여름과 겨울의 기온 차이(연교차)가 크게 나타나는 기후이다. 우리나라 중부 지방과 북부 지방이 냉대 기후에 해당한다. 마지막으로 한대 기후는 극 지역과 그 주변 지역에서 주로 나타난다. 최난월 평균 기온이 10℃를 넘지 않아 지구상에서 평균 기온이 가장 낮다.

한편, 적도 부근의 해발 고도가 높은 지역에서는 연중 평균 기온이 우리나라의 봄과 비슷한 열대 고산 기후도 나타난다. 중남부 아메리카 적도 근처에 있는 에콰도르의 수도 키토는 해발 고도 2800미터가 넘는 곳에 위치하여 연중 따뜻한 봄 날씨가 이어진다.

| | 나무가 자랄 수 있는 기후 | | | 나무가 자랄 수 없는 기후 | |
|---|---|---|---|---|---|
| 1차 구분 | 기온 | | | 기온, 강수량 | |
| | 열대 기후 | 온대 기후 | 냉대 기후 | 한대 기후 | 건조 기후 |
| 2차 구분 | 강수의 계절적 분포 | | | 자라는 식생의 유형과 지표 상태 | |
| | 열대 우림 기후 사바나 기후 열대 계절풍 기후 | 온대 습윤 기후 지중해성 기후 온대 겨울 건조 기후 | 냉대 습윤 기후 냉대 겨울 건조 기후 | 툰드라 기후 빙설 기후 | 스텝 기후 사막 기후 |

# 20.
# 기후는 인간 생활에
# 어떤 영향을 끼쳤을까?

 기후는 각 지역의 가옥 구조에 큰 영향을 끼친다. 일 년 내내 기온이 높은 열대 기후 지역의 사람들은 지표면에서 올라오는 열기를 피할 수 있게 가옥을 일정한 높이까지 올려서 짓는다. 그리고 강수량이 많기 때문에 빗물이 빨리 빠지도록 지붕의 경사를 급하게 만든다.

 기후는 농업과 음식에도 큰 영향을 준다. 비가 많이 내려 토양 속의 유기물이 쉽게 씻겨 내려가는 탓에 토양이 척박해지기 쉬운 열대 기후 지역에서는 화전을 일구어 농사를 짓는다. 울창한 숲의 나무를 베어 내고 불을 질러 만든 밭은 농사짓기에 충분한 공간이 되며, 나무를 태운 재는 토양을 기름지게 만들어 준다. 이렇게 만들어진 땅에서 이 지역 사람들의 대표적인

열대 기후 지역의 가옥

주식인 카사바,* 얌* 같은 작물이 재배된다. 2~3년 뒤 지력(地力)이 약해지면 다른 곳으로 이동하여 같은 과정을 반복하며 농사를 짓는데, 이를 이동식 화전 농업이라고 한다.

한편, 여름철 기온이 높고 강수량이 많은 기후는 벼가 자라는 데 적합하다. 예를 들어 베트남의 쌀국수가 유명한 것은 1년에 벼를 세 번까지도 재배할 수 있는 기후 덕분이다.

기후는 현대 산업에도 많은 영향을 끼친다. 우리나라에서는 2016년 여름에 기록적인 폭염으로 냉방 제품의 수요가 급증했다. 폭염이 계속되면서 에어컨 공급이 달리고, 에어컨을 구매해도 설치할 일손이 부족하여 열흘 이상을 기다려야 했다.

여름철이 덥고 습한 우리나라에서 에어컨, 선풍기, 제습기는 없어서는 안 될 필수 가전제품이다. 특히 무더위가 유독 오랫동안 이어지는 해에는 그렇지 않은 해보다 에어컨과 선풍기 등의 판매량이 크게 늘어나는 경향이 있다. 이에 맞춰 기업들은 다양한 기능을 갖춘 에어컨과 선풍기를 생산한다. 반면 이상 기후로 여름철이 무덥지 않으면 냉방 제품의 판매가 줄어들고, 이는 기업의 일자리 감소로 이어지기도 한다.

이처럼 기후는 의식주를 포함해 농업, 경제, 문화 등에 많은 영향을 끼치고 있다.

● **카사바**: 고구마와 비슷한 덩이뿌리 식물. 껍질은 갈색이며 속은 희다. 날것은 독성이 있다.
● **얌**: 여러해살이 덩굴풀로 우리나라의 마와 비슷하다. 뿌리줄기를 약재로 쓰거나 껍질을 벗겨서 여러 요리에 이용한다.

# 기후의 영향을 받은 우리나라의 전통 가옥 구조

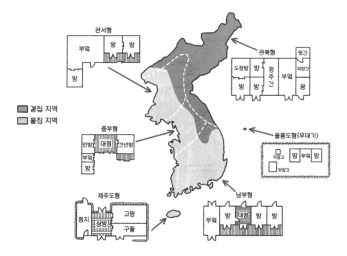

우리나라의 전통 가옥 구조는 지역마다 독특한 형태를 띤다. 다른 지역보다 겨울 철이 춥고 긴 함경도(관북) 지방에서는 밭전 자(田) 모양의 가옥 구조가 나타난다. 이런 가옥 구조를 '겹집'이라고 한다. 또한, 관북 지방에는 정주간이라는 독특한 시설이 있다. 정주간은 부엌과 방 사이에 벽 없이 온돌로 이루어진 공간으로, 겹집 의 여러 방 가운데 이용률이 가장 높다. 이곳에서 손님을 맞고 온 가족이 식사도 하며, 가장 따뜻하기 때문에 잠을 자기도 한다.

반면 상대적으로 여름철이 더 무더운 남부 지방에서는 일 자(一) 모양의 가옥 구 조가 나타난다. 이런 가옥 구조를 '홑집'이라고 한다. 홑집에는 무더위를 피하기 위해 방과 방 사이에 나무로 만든 넓은 대청마루가 있다. 대청마루는 앞면이 트여 있고 바닥과 떨어져 있어 통풍이 잘되는 것이 특징이다.

눈이 많이 내리는 울릉도에서는 싸리나무나 억새를 엮어 가옥 전체를 둘러친 방 설벽인 우데기가 발달했다. 우데기는 겨울철 눈이 높게 쌓여서 밖으로 나가기 힘 들 때, 눈이 녹을 때까지 집 안에서 생활할 수 있게끔 만든 공간이었다.

# 21.
# 지형이란 무엇인가?

　지형이란 히말라야와 같은 거대한 산맥부터 넓은 평야와 고원, 그리고 작은 모래 언덕까지 자연에 의해서 만들어진 모든 땅의 형태를 말한다. 대표적인 지형으로는 산지 지형, 해안 지형, 하천 지형, 빙하 지형, 화산 지형 등이 있다. 이런 여러 지형에서 인간은 집을 짓고, 농사를 지으며 스포츠나 레저 활동, 관광 등을 하고 있다.

　그러면 지형은 어떻게 만들어지는 것일까?

　지구 내부에는 엄청난 에너지가 작용하고 있다. 지구 내부의 에너지 때문에 지각이 이동하면서 땅이 휘기도 하고 끊어지기도 하며, 올라오기도 하고 가라앉기도 한다. 땅이 휘어서 올라오면 거대한 산과 깊은 협곡이 만들어지고, 땅이 수평을 유지하면서 그대로 올라오면 고원이 만들어진다. 또 지구 내부의 마그마가 지표면을 뚫고 폭발하면 거대한 화산 지형이 만들어진다.

　한편, 지구 외부의 에너지에 의해 지형이 만들어지고 변화되기도 한다. 태양 에너지에 의해 만들어진 바람을 비롯해 빙하, 하천 등에 의해 땅이 깎이고, 깎인 물질들이 운반되어 퇴적되면서 새로운 지형을 만든다.

　지구 외부 에너지에 의해 만들어진 지형은 지구 내부 에너지에 의해 만들어진 지형보다 규모가 작은 편이다. 예를 들어 히말라야산맥은 지구 내부 에너지에 의해서 만들어진 거대한 지형이지만, 빙하에 깎인 뾰족한 봉우리와 하천에 깎인 깊은 계곡은 지구 외부 에너지에 의해서 만들어진 작은 지형이다.

## 여러 가지 지형

농업과 축산업이 발달하기 좋은 평야 지형. 아르헨티나의 팜파스

광산이나 임업이 발달하기 좋은 산지 지형. 오스트레일리아의 탄광

관광 자원이 되고 지열 에너지를 활용할 수 있는 화산 지형. 뉴질랜드 북섬

운하를 이용한 교통이 이루어질 수 있는 하천 지형. 네덜란드 암스테르담

## 22.
# 세계 최대의 지형에는 무엇이 있을까?

세계에서 가장 높은 산은 유라시아판과 인도판이 충돌하여 만들어진 히말라야산맥에 있는 에베레스트산(8848미터)이다. 에베레스트산은 지금도 두 지각 판이 서로 밀고 있어 조금씩 높아지고 있다고 한다. 에베레스트산 정상 부근에서는 아주 옛날 바다 밑에서 살았던 중생대 암모나이트 화석이 다수 발견되고 있다. 이는 두 대륙판이 충돌하기 전에는 이 지역이 바다였음을 증명한다.

세계에서 가장 큰 강은 라틴 아메리카의 아마존강이다. 안데스 산지에서 발원하여 연중 강수량이 많은 열대 기후 지역을 흘러 물을 충분히 확보한 덕분에 세계에서 가장 큰 강을 형성할 수 있었다.

세계에서 가장 넓은 사막은 아프리카에 있는 사하라 사막이다. 사하라 사막은 연중 강수량이 적은 위도 30° 부근에 위치한다. 위도 30° 부근은 연중 하강 기류가 나타나는 지역으로, 대기가 안정된 상태가 이어져 강수량이 적다.

세계에서 가장 깊은 호수는 러시아의 바이칼호이다. 바이칼호는 두 개의 지각이 어긋나 형성된 단층 지역에 물이 고여 만들어졌다. 깊게 어긋난 단층이 깊은 호수를 형성할 수 있는 배경이 되었다.

그럼 세계에서 가장 깊은 바다는 어디일까? 바로 필리핀의 마리아나 해구이다. 이 해구는 태평양판과 필리핀판이 만나는 곳에 형성된 좁고 긴 계곡 같은 곳이다. 태평양판이 필리핀판 밑으로 들어가면서 만들어진 이 해구의 평균 수심은 약 7000~8000미터이며, 맨 밑바닥의 깊이는 1만 1000미터가 넘어 지구에서 가장 높은 산인 에베레스트산을 담고도 남을 정도이다.

이렇게 세계 최대의 다양한 지형들은 지형 형성 작용을 통해서 만들어지고 있다. 지금도 가장 높은 산과 가장 깊은 바다, 가장 넓은 사막 등은 계속 높아지고 깊어지고 넓어지고 있다.

지구에서 가장 높은 곳과 깊은 곳, 에베레스트(8848m)와 마리아나 해구(11034m)

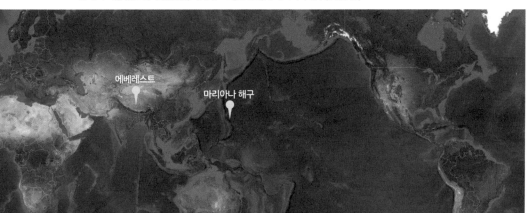

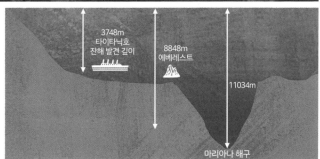

# 23.
# 지형은 인간 생활에
# 어떤 영향을 끼쳤을까?

이탈리아의 베네치아는 물 위에 세워져 풍광이 독특한 도시이다. 베네치아의 역사는 567년 훈족의 침입과 게르만족의 이동으로 쫓겨 온 이탈리아 본토 피난민들이 정착하면서 시작되었다. 석호 안의 여러 섬으로 이루어진 베네치아는 적의 침입을 피해 살아갈 수 있는 최적의 장소였다. 석호란 후빙기 해수면이 높아져 형성된 만에 모래톱이 길게 쌓여서 바다와 분리된 호수를 말한다.

6세기 말에는 석호 안에 있는 12개의 섬에 마을이 형성되었고, 리알토 섬이 중심이 되어 큰 도시로 발전했다. 석호 앞에 발달한 긴 모래톱이 파랑을 막아 주는 방파제 구실을 하면서 베네치아는 자연스럽게 물의 도시이자

베네치아는 석호 안의 여러 섬으로 이루어졌다.

항구 도시로 발달했다.

9~15세기에 지중해를 중심으로 세계 무역이 이루어지면서 베네치아는 동서 문물이 합류하는 지점이 되어 상업 도시로 더욱 번창했다. 베네치아는 18세기 말 나폴레옹에게 점령당할 때까지 천년 동안 독자적인 문화를 이루고, 시민이 직접 또는 간접 선거로 일정한 임기를 가진 국가 원수를 뽑는 공화국 체제를 지키면서 '아드리아해의 여왕'으로 불리는 등 화려한 시대를 구가했다.

이와 같이 석호라는 지형은 베네치아가 적의 침입을 피할 수 있는 방어막이 되어 주었으며, 바다와 육지를 연결하는 항구 도시와 상업 중심 도시로 발달하는 데 중요한 역할을 했다. 지금도 많은 관광객들이 베네치아를 찾는 이유는 이곳 사람들이 지형적 특성에 맞추어 자신들의 독특한 문화

잉카 문명의 유적 마추픽추

를 일구어 냈기 때문일 것이다.

베네치아가 석호에서 형성되었다면, 고대 아메리카 문명이 싹튼 곳은 높은 산지와 고원이었다. 아메리카 적도 부근의 해발 고도 3000미터가 넘는 안데스 산지에는 일찍이 사람들이 살고 있었다. 산 아래는 뜨거운 열대이지만 이곳에는 15℃ 안팎의 봄 같은 날씨가 나타난다. 이곳 사람들은 비교적 경사가 완만한 곳에 집을 짓고 살면서, 높은 고도에서도 잘 적응하는 야마 같은 가축을 기르고 산비탈을 개간하여 감자와 옥수수 등의 작물을 재배했다. 산지와 고원 지형 덕분에 잉카 문명이 싹틀 수 있었던 것이다. 이곳에서 재배된 감자와 옥수수는 훗날 전 세계로 전파됐으며, 잉카 문명의 유적들은 오늘날에도 세계적인 관광지로 각광받고 있다.

이처럼 지형은 인간에게 유용한 장소이자 소득원이 되기도 한다. 또한 지역마다 서로 다른 생활 모습이 나타나게 하는 경계 역할을 하며, 인간 생활에 크고 작은 영향을 끼친다.

## 24.
## 인간은 자연환경을
## 어떻게 극복해 왔을까?

구석기 시대에 인간은 강한 바람과 추위, 그리고 맹수 등의 위험을 어떻게 피했을까? 이때 인간은 자연 상태의 동굴이나 바위틈을 찾아 생활했다. 서서히 도구와 기술이 발달하고 문명이 발달하면서 인간은 자연환경의 제약을 극복하기 위해 적극적으로 나섰다.

『삼국사기』와 『삼국유사』에는 김제의 '벽골제'에 관한 기록이 나온다. 벽골제는 우리나라에서 가장 오래되고 규모가 큰 저수지이다. 평야가 발달한 삼한 땅에서는 일찍부터 벼농사를 지었는데 물을 가둬 모을 수 있는 거대한 저수지를 만들어 가뭄에 대비하려 한 것이다. 고대 삼한 시대에는 벽골제뿐만 아니라 제천의 의림지, 밀양의 수산제 같은 저수지도 만들어졌다.

인간의 기술과 의지로 자연을 극복한 예는 인류 역사에 헤아릴 수 없이 많다. 국토의 25퍼센트가 해수면보다 낮은 네덜란드는 바다를 매립하여 지금의 국토를 만드는 큰 사업을 해냈다. 간척 사업은 17~18세기에 본격적으로 이루어졌다. 네덜란드는 나라 이름부터가 '낮은(Nether) 땅(land)'이라는 뜻이다. 네덜란드의 도시 이름들도 갯벌을 매립하여 간척하고 둑을 쌓은 곳이라는 뜻을 담은 것이 많다. 암스테르담은 암스텔강 하구에 둑

네덜란드 간척지의 풍차

을 쌓아 만들어 '암스텔강의 둑'이라는 뜻이고, 로테르담은 로테 강에 둑을 쌓아 만들어 '로테강의 둑'이라는 뜻이다. 알프스산맥을 끼고 있는 스위스를 '산과 투쟁하는 나라'라고 한다면, 네덜란드는 '물과 투쟁하는 나라'라고 말할 수 있다. 네덜란드 사람들은 자연환경을 극복하려는 의지를 바탕으로 물의 범람을 막고 영토를 넓혔다.

　네덜란드의 상징과도 같은 풍차는 간척하는 과정에서 물을 빼기 위한 동력으로 사용한 것이었다. 간척을 한 제방 곳곳에 풍차를 설치하다 보니 자연스레 풍차의 수가 늘어 갔다. 풍차는 이제 유네스코 세계 문화유산으로 지정된 네덜란드의 대표적인 관광 자원이다.

　오늘날에도 인간이 자연환경을 극복하며 살아가는 사례는 많다. 아랍에미리트의 두바이는 1987년까지만 해도 작고 가난한 어촌 마을로, 기온이 40℃ 이상으로 올라가는 뜨거운 사막 지역이었다. 그러나 지금은 초고층 건물이 즐비하고, 최고급 호텔인 '부르즈 알 아랍'과 바다를 메워 만든

야자수 모양의 인공 섬 '팜 아일랜드'는 세계적인 명소가 되었다.

두바이는 기온이 높은 사막이지만, 건물 안은 그곳이 사막이라는 사실을 잊을 만큼 시원하다. 어떤 건물에는 실내 스키장까지 들어서 있다. 또한 두바이 사람들은 바닷물을 담수로 처리해서 풍부한 물을 얻는다. 그 물은 각 가정과 상가, 그리고 거리의 가로수에 제공된다. 정해진 시간이 되면 도시의 가로수와 식물에 자동으로 물이 공급되고, 이렇게 가꾸어진 풀과 나무가 도시를 쾌적하게 만든다. 이 모든 것은 석유를 팔아 번 돈이 있었기에 가능했다.

인간은 옛날부터 지금까지 자연환경을 극복하기 위해 꾸준히 노력해 왔다. 특히 과학 기술이 발달한 현대 사회에서는 극복할 수 있는 자연의 범위도 넓어졌다. 자연의 위력은 여전히 크지만, 인간은 이를 극복하고 이용하기 위해 쉼 없이 연구하며 노력하고 있다.

사막에 건설된 도시 두바이. 해안가에 최고급 호텔 부르즈 알 아랍이 서 있다.

## 25.
# 인간의 삶을 위협하는 자연재해에는 어떤 것이 있을까?

2011년 3월, 일본 동부 해안 가까운 곳에서 진도 9.0의 대지진이 일어났다. 이를 '동일본 대지진'이라고 한다. 이 지진으로 대규모 쓰나미(지진 해일)가 발생해 일본 동부의 해안 도시를 집어삼켰고, 후쿠시마 원자력 발전소가 파괴되어 방사성 물질이 대량으로 누출되었다.

쓰나미가 할퀴고 간 도시의 모습은 처참했다. 거대한 유람선이 빌딩 위에 올라앉고, 파괴된 건물의 잔해가 그득 쌓였다. 몇 년이라는 시간이 흘렀지만 아직도 이 지역은 사람들이 가까이 가기 힘든 곳이다. 원자력 발전소에서 누출된 방사선 수치가 여전히 높게 나타나고 있으며, 쓰나미의 흔적도 지워지지 않았기 때문이다. 대지진과 쓰나미라는 자연재해 앞에서 인간의 힘은 정말 하잘것없었다.

일본은 1년에 진도 3 이상의 지진이 300회가 넘게 일어날 만큼 지진이 잦은 나라이다. 역사적으로도 큰 지진이 많았다. 1923년 도쿄 근처에서 진도 7.9의 관동 대지진이 일어나 도쿄의 60퍼센트가 파괴되었다. 피해자는 340만 명에 이르렀고, 사망자만 9만 9000여 명이 넘었다. 또한 1995년 한신 대지진, 2016년 구마모토 지진 등 최근에도 많은 지진이 발생했다. 이는 일본이 유라시아판과 태평양판, 그리고 필리핀판이 만나는 경계부에

2011년 동일본 대지진 때 쓰나미로 파괴된 도시

자리 잡고 있기 때문이다. 동일본 대지진 때도 태평양판이 유라시아판 아래로 파고들면서 생긴 진동이 바닷물을 출렁거리게 했고, 이 파도가 해안으로 갈수록 거대한 '쓰나미'로 변하게 된 것이다.

쓰나미라는 말이 전 세계에 알려진 것은 2004년 진도 9.1을 기록한 동남아 대지진 때였다. 이 지진은 인도네시아 북서부 수마트라 섬 인근 바다에서 발생했는데, 이때도 해저에서 판이 충돌하면서 형성된 강력한 충격이 높은 파도를 만들었다. 거대한 쓰나미가 시속 800킬로미터의 속도로 해안을 덮쳐 30만 명 이상이 죽거나 실종되었다. 당시 쓰나미는 스리랑카, 인도, 인도네시아, 태국, 심지어 소말리아 해안 지역까지 덮쳤다. 이 사건을 계기로 쓰나미가 발생했을 때 대피 요령을 알리는 안내판이 전 세계 해안 곳곳에 세워졌다.

오늘도 지구촌 곳곳에서는 홍수, 폭설, 가뭄, 산사태, 화산 폭발 같은 자연재해 때문에 크고 작은 피해를 입고 있다. 2006년 북한에서는 폭우로 농경지 1만 4천헥타르가 물에 잠기고 가옥 5500채가 무너졌으며, 2010년 중국의 티베트 자치주에서는 산사태로 최소 127명이 사망하고 2000여 명이 실종되었다. 2016년 미국 워싱턴에서는 시속 80킬로미터의 강풍과 함께 눈이 60센티미터 정도 쌓이면서 13개 주 20만여 가구가 대규모 정전 사태를 겪기도 했다.

이와 같이 자연재해는 과학 기술이 발달한 지금까지도 여전히 인간들에게 큰 위험 부담이 되고 있다.

## 화산 지형과 재해 : 폼페이의 비극 🐦

기원후 79년 8월 24일 정오, 이탈리아 남부의 나폴리 연안에 우뚝 솟은 베수비오 화산이 크게 폭발했다. 베수비오 화산은 검은 연기를 뿜으며 화산재를 소나기처럼 퍼부었다. 이렇게 쏟아지는 화산재와 화산 분출물이 주변 도시인 폼페이를 순식간에 뒤덮어 버렸다. 폼페이 사람들은 화산 가스에 질식하거나 뜨거운 열에 타 죽었다. 문명의 꽃을 피우며 평화롭게 지내던 폼페이는 화산 폭발로 인구의 약 10

퍼센트가 도시와 함께 사라졌다. 자연은 인간에게 많은 것을 베풀지만, 하루아침에 폼페이를 사라지게 했듯이 인간의 삶을 위협하는 때도 많다. 그래서 자연을 아는 일이 중요하다.

화산재로 덮인 폼페이에서 발견된 사람들

## 26.
## 안전하고 쾌적한 환경에서
## 살아갈 시민의 권리, 어떻게 찾을까?

우리나라 헌법 34조 6항은 "국가는 재해를 예방하고 그 위험으로부터 국민을 보호하기 위하여 노력하여야 한다."고 되어 있다. 국민의 기본권으로서 '안전권'을 규정하는 조항이다. 국민은 누구나 안전하고 쾌적한 환경에서 살아갈 권리를 정부에 당당히 요구할 수 있으며, 정부는 국민 안전에 최선을 다해야 한다. 이를 위해서 국가는 법적·제도적 장치를 마련하고 적극적으로 실천하는 노력을 기울여야 한다. 몇 가지 사례를 살펴보자.

우리나라에는 기후 특성상 혹서기와 혹한기가 있다. 그래서 혹독한 더위와 추위를 피하기 힘든 약자들을 보호하는 제도를 마련해 놓았다. 냉난방기 사용량이 많은 여름철과 겨울철에는 저소득층에 대해 전기 요금을 감면하는 법을 시행하고 있다. 또한 일부 지방 자치 단체에서는 무더위 쉼터를 운영하고, 거동이 불편한 사람이나 독거노인 등 취약 계층이 여름철 폭염을 무사히 넘길 수 있도록 맞춤형 방문 건강 관리를 실시한다.

가뭄과 홍수 같은 자연재해를 예방하기 위해서 정부 차원의 치수 사업도 활발하게 진행하고 있다. 또한 태풍이나 지진, 폭설 등 재난이 일어났을 때 대응하거나 대피할 수 있게끔 긴급 문자가 발송되는 시스템도 갖추고 있다. 그러나 2016년 경주 지진이나 최근의 미세먼지 문제 등에서 보

면진 장치. 일본 요코하마 시 미나미 구 종합 청사 건물

듯이 자연재해가 더욱 빈번해지고 일상화되는 상황에서 그에 대한 대비가 얼마나 철저하게 이루어지고 있는지 돌아볼 필요가 있다.

　이웃 나라 일본은 지진, 태풍 등 자연재해에서 국민을 보호하기 위한 노력을 일찍부터 해 오고 있으며, 우리가 배워야 할 점이 많다. 1995년 한신 대지진으로 교훈을 얻은 일본 정부는 지진 방재 긴급 사업을 시작해 3차에 걸쳐 5개년 계획을 완료했다. 2005년에는 국가 긴급 과제로 '건축물의 내진화' 방침을 결정해 시행하고 있다. 내진 기술에는 여러 가지가 있지만, 현재 일본 건축물에는 면진 기술이 더 강조되고 있다. 면진 기술이란 건물과 지면을 여러 겹으로 쌓인 고무 등으로 분리하는 기술인데, 실제로 면진 장치를 설치한 건물은 설치하지 않은 건물보다 지진의 충격이 20

퍼센트 정도 감소됐다고 한다.

한편, 2011년 동일본 대지진 때 일본 정부는 후쿠시마 원전 주변의 사람들이 피폭의 위험을 피해 이주할 수 있도록 지원금을 주고, 이와 같은 지원을 요구할 수 있는 권리를 법률로 제정했다. 1986년 우크라이나(당시 소련)의 체르노빌에서도 원전 사고 후 '체르노빌법'이라는 법률이 만들어졌다. 체르노빌법에서는 강제 이주 지역 외에도 주민이 피난할지 말지를 선택할 수 있는 '피난 권리 지역'을 설정했다. 그리고 이주하지 않고 지역 내에 머무르는 사람들에게도 보상금을 지불했다.

안전하고 쾌적한 삶을 위해서는 정부의 노력도 필요하지만 국민들의 의식도 중요하다. 일본인들은 지진이 누구에게나 일어날 수 있는 재해라고 인식하고, 그 피해를 줄이기 위한 교육을 지역 공동체를 통해 꾸준히 받는다고 한다. 지진이 자주 발생하는 다른 지역보다 일본의 지진 피해가 적은 이유는 이러한 노력과 교육 덕분이다. 자신의 생명과 재산, 그리고 생활 터전을 지키기 위한 노력이 지진 피해를 줄이는 밑거름이 된 것이다.

# 지진 시 대피 요령

❶ 지진이 발생하면 최우선으로 자신의 생명을 보호한다. 책상 밑과 같은 곳으로 숨어 떨어지거나 넘어지는 물체에 다치지 않도록 한다.

❷ 불을 사용하고 있는 상황에서는 불을 바로 끄고 가스를 차단해야 한다.

❸ 흔들림이 멈춘 후 언제든 나갈 수 있게 출구를 재빨리 확보한다. 지진이 계속되면 건물이 틀어져 문이 열리지 않아 갇힐 수 있다.

❹ 엘리베이터를 이용하지 말고 계단으로 이동한다.

❺ 엘리베이터를 타고 있다면 모든 층을 눌러 가장 빨리 내려야 한다.

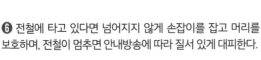

❻ 전철에 타고 있다면 넘어지지 않게 손잡이를 잡고 머리를 보호하며, 전철이 멈추면 안내방송에 따라 질서 있게 대피한다.

## 27.
## 인간 중심주의 자연관이란 무엇인가?

이름도 모습도 낯선 도도라는 새가 있다. 그러나 상상의 새가 아니라, 옛날에는 존재했지만 지금은 지구상에서 멸종한 새이다.

도도새는 인도양의 모리셔스섬에서 살았다. 본래 모리셔스섬에는 포유류가 없고 다양한 종류의 새들이 울창한 숲에서 살았다고 한다. 오랫동안 천적 없이 살게 되자, 도도새는 날아야 할 필요성이 없어져 결국 날개가 퇴화했다. 그러나 평화는 거기까지였다.

도도새

1505년 포르투갈인들이 최초로 이 섬에 발을 들여놓은 후 모리셔스섬은 향신료 무역을 위한 중간 경유지가 되었다. 무게가 20킬로그램이나 나가는 도도새는 고기를 원하는 선원들에게 손쉬운 사냥감이었고, 그 바람에 많은 도도새가 죽어 갔다. 게다가 그 뒤에는 네덜란드인들이 이 섬을 유배지로 만들었고, 죄수들과 함께 돼지·원숭이·쥐 같은 동물이 섬으로 유입되었다. 그런데 이 동물들은 땅에 둥지를 트는 도도새의 알을 쉽게 찾아 먹어 버렸다. 그리하여 도도새의 수는 급격히 줄어들었다.

　모리셔스섬에 인간이 발을 디딘 지 100여 년 만에 도도새는 희귀종이 되었고, 1681년에는 결국 마지막 도도새가 죽음을 당해 멸종하고 말았다. 그런데 그 비극은 도도새만으로 끝난 것이 아니었다. 모리셔스섬에는 13 그루밖에 없는 '카바리아'라는 나무가 있다. 수령이 모두 300년을 넘는 이 나무는 도도새가 멸종한 뒤로 단 하나의 씨앗도 발아하지 못했다. 도도새가 이 나무의 열매를 먹어 씨앗을 배설해야 발아할 수 있기 때문이었다. 도도새가 멸종하자 카바리아 나무도 멸종 위기에 놓여 버린 것이다. 이 사실이 알려지면서 카바리아 나무는 도도새의 이름을 따 '도도나무'로 불리게 되었다. 다행히 지금은 식성이 비슷한 칠면조에게 열매를 먹여 씨앗을 싹틔움으로써 멸종 직전의 나무를 구할 수 있었다고 한다.

　도도새의 멸종과 카바리아 나무의 위기뿐 아니라 근대 과학 기술이 발달하고 산업이 확대되는 과정에서 자연환경에 큰 변화와 문제들이 생겼다. 그 배경에는 인간 중심주의 자연관이 있다고 할 수 있다.

　인간 중심주의 자연관의 뿌리는 매우 깊다. 고대에는 인간이 자연보다 우월한 존재이며 자연은 인간을 위해 존재한다고 여기는 사람들이 많았다. 고대 철학자 아리스토텔레스는 "식물은 동물을 위하여, 동물은 인간을 위하여 존재한다."라고 했다. 중세의 토마스 아퀴나스는 "신의 섭리에 따라 동물은 자연의 과정에서 인간이 사용하게끔 운명 지어져 있다."라고 말했다. 근대의 철학자 베이컨은 "자연은 인간에게 순종해야 하고 정복되어야 하는 대상이다."라고 말했다.

　이렇듯 인간 중심주의 자연관은 인간을 모든 존재와 구분되는 유일하고 우월한 존재라 여기고, 다른 존재는 인간의 행복과 복지를 위해 이용할 수 있는 도구적 대상이라고 본다. 곧, 인간 중심주의는 자연을 단지 인간의 이익과 번영을 위한 수단으로만 보는 것이다.

산업화가 빠르게 진행되면서 인간 중심주의 자연관은 더욱 빠르게 퍼져 나갔다. 전기를 생산하기 위해 하천에 거대한 댐을 건설하고, 산업 단지나 농경지를 만들기 위해 갯벌을 매립하여 넓은 간척지를 만들었다. 먼 이동 거리를 단축하기 위해 산에 거대한 터널을 뚫었고, 바닷물의 역류를 막기 위해 하천 하구에는 하굿둑을 설치했다. 우리 생활 곳곳에서 자연은 인간을 위한 활용 대상으로 전락하고 말았다.

# 28.
# 생태 중심주의 자연관이란 무엇인가?

　브라질의 쿠리치바 도심에는 세계에서 가장 큰 설치류 카피바라가 사람들과 함께 살고 있다. '매우 큰 쥐'라는 뜻의 카피바라는 다 자라면 체중이 65킬로그램이나 된다. 그런데 이곳에 사는 카피바라는 사람들을 봐도 놀라거나 피하지 않는다. 인구 180만 명이 넘는 대도시에서 이렇게 큰 설치류가 자연스럽게 사람들과 함께 살 수 있는 이유는 무엇일까? 쿠리치바가 도시화되기 전부터 이곳에서 살아온 카피바라를 사람들이 적극적으로 보호해 온 결과이다.

　쿠리치바는 1960년대까지만 해도 급격한 도시화로 인구가 집중되어 슬럼화가 진행되고 공해로 찌든 도시였다. 그러다가 1970년대부터 무분별한 도시 확장을 엄격하게 통제하고 강 주변을 보호 구역으로 묶어 공원을 조성하였다. 쿠리치바의 1인당 녹지 면적은 세계 보건 기구 권고 수치의 4배, 서울의 10배가 넘는다. 공원과 숲이 형성되면서 도심에는 새가 찾아오고, 건강한 먹이 사슬을 통해 균형 잡힌 생태계가 유지되었다. 현재 이곳에는 290여 종의 조류와 50종의 뱀을 포함해 다양한 파충류와 포유류가 살고 있다.

　도시 교통도 친환경 동력인 바이오 디젤을 이용하는 대중교통을 중심으

브라질의 쿠리치바에서는 카피바라가 인간과 함께 살고 있다.

로 생태 교통을 지향하고 있다. 이와 같이 쿠리치바는 생태 중심주의 자연관을 바탕으로 한 도시 계획을 실천하고, 오염 물질을 최소화하여 전 세계에서 모범적인 생태 도시가 되었다.

생태 도시, 생태 마을, 생태 공원, 생태 통로 등 언제부터인지 '생태'라는 말은 우리에게 익숙한 단어가 되었다. 최근에는 생태 관광이 유행처럼 번지고 있다. 생태 관광은 자연을 파괴하지 않는 범위 안에서 관광을 하는 것으로 많은 사람들의 호응을 얻고 있다.

아프리카 탄자니아에 있는 세렝게티 초원의 생태 관광은 인기 있는 관광 상품 중 하나이다. 이곳에서는 관광객들에게 환경친화적인 행동, 지역 사회에 대한 책임 있는 행동을 요구한다. 관광할 때는 반드시 지역 주민들의 안내를 받아야 하고, 초원에서 풀을 뜯는 동물들을 볼 때도 일정한 거리를 두어야 한다. 가까이 가서 만지거나 동물들에게 먹이를 주는 것은 금지한다. 이런 생태 관광은 자연을 존중하고 자연 그대로를 인정하는 것이라 할 수 있다.

인간은 거대한 자연의 일부일 뿐이라는 점을 인정하고, 생태계에 해를 끼치지 않게끔 인간의 활동과 욕구를 조절해야 한다고 보는 관점을 생태 중심주의 자연관이라고 한다. 동물 종의 감소, 지구 온난화 등 자연 파괴로 생긴 피해가 고스란히 인간에게 돌아오고 있는 지금, 생태 중심주의는 우리가 더욱 관심을 두고 실천해야 할 관점이다.

그러나 지나친 생태 중심주의로 빠지지 않도록 또한 주의해야 한다. 이를테면 생태 공동체를 개별 생명체의 가치보다 우선시하거나, 자연은 무조건 보호받아야 하기 때문에 모든 인간의 활동을 규제할 수밖에 없다고 생각하는 경우이다. 지나친 생태 중심주의는 생활고를 겪는 사람들의 생존을 위한 벌목이나 화전 농업까지도 환경 파괴라며 비난한다. 그러나 무엇이든 지나치면 부작용이 생기게 마련이다.

산업화한 현대 사회에서 환경 문제를 해결하고 자연과 인간의 공존을 추구하려면 우리의 인식이 바뀔 필요가 있다. 따라서 인간과 자연의 바람직한 관계란 과연 어떤 것인지 깊이 고민해야 할 시점이다.

# 29.
# 자연관은 어떻게 변화해 왔을까?

　박제가의 〈의암관수도〉는 계곡의 바위에 나란히 기대앉은 두 인물을 묘사한 그림이다. 그 위에 적어 놓은 글귀를 보면 "귀(耳)는 물이 되고 몸은 돌이 되었다."라는 내용이 있다. 물소리를 듣는 귀가 물과 하나가 되고, 돌에 기대어 있는 사람의 몸은 돌과 같다는 뜻이다. 이 그림에서 자연과 인간은 하나로 그려지고 있다. 또한 인간은 자연 속에서 군림하거나 지배하지 않는다.

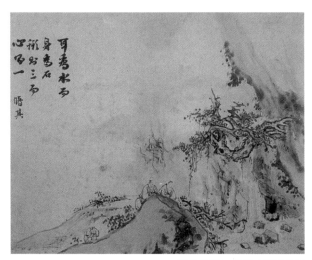

박제가(1750~1815), 〈의암관수도〉

그렝이 기법으로 세워 놓은 한국 전통 가옥의 기둥

이런 그림을 보면서 우리는 선조들이 인간과 자연을 동등한 관계로 보는 '생태 중심주의 자연관'을 추구했음을 알 수 있다.

이러한 관점은 실생활 속에서도 찾아볼 수 있다. 예를 들어 우리 선조들은 집을 지을 때 자연 그대로의 주춧돌 위에 기둥을 세우고 건물을 올렸다. 이것을 '그렝이법'이라고 한다. 자연석 위에 기둥을 세울 때 기둥 아래쪽을 자연석 윗면의 굴곡과 같은 모양으로 다듬어서 자연석과 기둥이 마치 톱니바퀴처럼 맞물리게 맞추는 것이다.

2016년 경주 지진 때 불국사가 피해를 적게 입은 이유 중 하나가 이와 같은 공법이 적용되었기 때문이라는 연구 결과도 있다. 보통은 돌의 윗면을 따라 그대로 기둥을 올린 그렝이법보다는, 돌에 홈을 낸 다음 그 위에 기둥을 박은 건축 방식이 더 견고하다고 생각할 것이다. 그러나 실험 결과 그렝이법으로 세운 건물이 지진에 더 강한 것으로 밝혀졌다.

20세기 이후 과학 기술이 발달하면서 인간 중심주의 사고가 널리 퍼지고, 그에 따라 자연을 이용과 지배의 대상으로 인식하는 경향이 강해졌다. 크고 작은 산들을 없앤 자리에 고층 건물과 공장을 지었고, 나무를 베고 잔디를 심어 넓은 골프장을 만들었다.

그 결과 인간은 편리해지고 물질적으로 풍요로워졌지만, 자연이 지나치게 파괴되어 심각한 피해를 불러왔다. 이렇게 계속 환경이 파괴된다면 지구는 더 이상 사람이 살 수 없는 곳이 될 수도 있다는 위기의식이 생겨났다. 극단적으로 표현하면 지구를 떠나 새로운 행성을 찾아가는 이야기가 현실이 될 수도 있다는 것이다.

　이러한 위기감을 바탕으로 환경 파괴의 심각성을 인식하게 되면서 '생태 중심주의 자연관'이 다시금 주목받게 되었다. 도시에서는 오염된 하천의 생태를 복원하고 건물 옥상에는 나무와 꽃을 심어 생태 정원을 만들기도 한다. 최근에는 생태 도시, 생태 마을이 조성되고, 생태 관광이 활발하게 진행되고 있다. 이렇게 환경과 시대 상황에 따라 인간이 자연을 바라보고 이해하는 관점이 변화해 왔다.

# 30.
# 인간과 자연의 바람직한 관계는 어떤 것일까?

살충제 DDT는 1900년대 중반까지 '기적의 물질'로 불렸다. 말라리아나 황열병을 퍼뜨리는 모기, 발진티푸스를 퍼뜨리는 벼룩을 제거하는 데 매우 효과적이었기 때문이다. 그런데 1972년 미국 환경 보호국(EPA)은 DDT 사용을 전격 금지했다. 계기가 된 것은 미국의 해양 생물학자이자 작가인 레이첼 카슨이 1962년에 출간한 이 책이었다. 침묵의 봄은 아름다웠던 한 시골 마을의 우화로 시작한다.

"이 마을은 마법에 걸린 것 같았다. 병아리 떼가 원인 모를 병에 걸렸고 소나 양들이 병으로 죽어 갔다. 사방이 죽음의 장막으로 덮였다. (……) 자연은 소름이 끼칠 정도로 조용했다." 살충제 DDT의 사용으로 더 이상 봄을 알리는 새 소리가 들리지 않게 된 상황을 묘사한 것이다. 인간이 식량을 증산하기 위해 DDT 같은 농약을 만들어 해충을 없애는 데는 성공하지만, 시간이 지나면서 이로운 곤충도 죽이고 생태계의 먹이 사슬을 따라 새들까지 죽는다는 예언서 같은 내용이었다. 이를 통해서 우리는 인간과 자연의 바람직한 관계가 무엇인지 다시 한 번 생각하게 된다.

오스트레일리아의 대표적인 관광 지구인 그레이트 오션 로드의 해안에는 침식으로 만들어진 12사도상이 있다. 유명한 관광지여서 숙박 시설과

오스트레일리아의 그레이트 오션 로드

식당 등이 많을 것 같지만, 실제로 건물이라 할 만한 것은 작은 화장실이 전부이다. 그런데 해안을 따라 걷다 보면 파리가 너무 많아서, 걸어가는 내내 얼굴과 몸에 달라붙어 관광객을 귀찮게 한다. 이렇게 파리가 많은 이유는 살충제를 뿌리지 않는 정책 때문이다. 살충제를 뿌리게 되면 파리뿐 아니라 주변 식생에까지 피해를 주고, 결과적으로 인간에게까지 영향을 줄 수 있다. 오스트레일리아 사람들은 자연 그대로를 존중함으로써 인간과 자연이 자연스럽게 공존하는 길을 택했고, 관광객들도 있는 그대로의 자연을 감상할 수 있는 것이다.

최근 우리 사회는 자연과 인간의 바람직한 관계에 대해 많은 고민을 하고 있다. 그러나 아직까지 물질 만능주의가 팽배하고, 풍족함과 편리함을 위해 자연을 개발할 대상이나 이용할 수단으로만 보는 경우가 많다. 물론 사람들마다 생각과 관점이 다를 수 있다. 하지만 우리는 미래 지향적인 관점에서 자연과 인간을 바라보아야 한다. 우리가 지금까지 큰 문제 없이 살았다면 미래 세대도 쾌적한 환경에서 살 권리가 있다.

이를 위해서는 자연이 생태계라는 거대한 망으로 서로 연결되어 있다는 점을 잊지 말아야 한다. 그리고 우리 자신을 위해, 나아가 앞으로도 오랫동안 지구에서 살아야 할 후손들을 위해 인간의 삶과 자연 생태계가 조화롭게 공존하는 방법을 지속적으로 찾아야 한다.

## 31.
## 환경 문제 해결을 위해
## 정부는 어떤 노력을 할까?

정부는 여러 가지 환경 정책을 펼친다. 우선 화석 에너지의 사용량을 줄이고 친환경 에너지를 개발하는 데 박차를 가하고 있다. 2017년, 정부는 대기 오염과 미세 먼지를 줄이기 위한 방편으로 오래된 석탄 발전소를 전력 수요가 적은 3월부터 6월까지 4개월 동안 가동하지 않는다고 발표했다. 2020년에는 30년이 넘은 석탄 발전소 열 곳을 모두 폐쇄할 것이라고 밝혔다. 그럼으로써 대기 오염을 18퍼센트쯤 줄일 수 있다고 예측했다. 또한 태양광·해상 풍력 등 신·재생 에너지 개발에 적극 투자해 2030년까지 신·재생 발전 전력량이 전체 발전 전력량의 20퍼센트가 될 수 있는 토대를 마련하겠다고 했다.

이와 같이 정부는 국가 시설들을 환경 정책에 맞게 운영할 뿐 아니라 기업이나 시민들이 좀 더 친환경적으로 생산과 소비를 할 수 있게끔 유도한다. 가까운 예로 환경 마크 인증 제도가 있다. 환경 마크 인증은, 제품을 생산하는 과정에서 에너지를 덜 소비하고 오염 물질을 덜 배출하는 등 친환경적이며 품질이

생태 공원으로 조성된 서울 상암동 하늘공원

우수한 제품에 대해 정부가 친환경 상품임을 인정하는 것이다.

또한 정부는 가정과 공장 등에서 배출한 쓰레기의 양에 따라 폐기물 처리 비용을 부담하는 쓰레기 종량제를 실시하고 있다. 1995년부터 전국적으로 시행하여 쓰레기가 30~40퍼센트나 줄고 재활용품 수거는 2배 이상 늘어나는 큰 성과를 보였다.

지방 자치 단체에서도 환경 문제 해결을 위해 노력하고 있다. 서울시에서는 쓰레기로 인한 환경 문제를 적극적으로 해결한 사례가 있다. 서울시 상암동에는 생활 쓰레기를 버리는 난지도 쓰레기 매립장이 있었다. 1000만에 가까운 서울 인구가 쏟아 내는 엄청난 양의 쓰레기가 거대한 산을 이루어, 여름이면 주변 주거 지역에까지 악취가 풍기는 바람에 주민들이 큰 불편을 겪어야만 했다. 이 지역 사람들에게 파리 떼와 쥐를 보는 건 익숙한 일이었다. 이 문제는 쓰레기장을 매립하여 너른 생태 공원으로 조성하면서 해결되었다. 높이 90미터가 넘는 쓰레기 산을 덮어 억새를 심고, 나비 3만여 마리를 풀었다. 공원 안에는 풍력 발전기를 설치하여 가로등에 전기를 공급하고, 매립한 쓰레기에서 나오는 가스를 모아 난방열로도 사용하고 있다. 거대한 쓰레기 산이 이제는 주민들이 찾는 생태 공원으로 변한 것이다.

환경 문제는 국제적인 문제로 나타나는 경우도 많다. 최근 중국에서 많이 날아오는 황사와 미세 먼지는 우리나라에서만 노력한다고 해결될 문제가 아니다. 2017년 5월에는 중국에서 날아오는 황사에 포함된 미세먼지 수치가 매우 높아서 며칠 동안 미세 먼지 경보와 주의보가 내려지기까지 했다.

이런 문제는 특정 지역만의 환경 문제가 아니기 때문에 국가 간의 약속과 노력 없이는 해결할 수 없다. 또한 국제적인 환경 문제를 해결하기 위해서 여러 나라가 공동으로 지속적인 연구를 해 나가야 한다. 유해한 폐기물 처리 문제를 다룬 바젤 협약, 국제적으로 중요한 습지의 보호에 관한 람사르 협약 등 여러 가지 국제 협의와 이를 실천하기 위한 노력이 정부 차원에서 이루어지고 있다.

◈ **바젤 협약**: 1989년 유엔 환경 계획(UNEP)의 후원 하에 스위스 바젤에서 채택되었다. 유해폐기물의 국가 간 이동 및 교역을 규제하는 협약으로, 병원성 폐기물을 포함한 유해폐기물의 국가 간 이동시, 사전 통보 등의 조치를 취함으로써 유해폐기물의 불법이동을 줄이자는 취지를 담았다.
◈ **람사르 협약**: 습지의 보호와 지속가능한 이용에 관한 국제 조약으로, 1971년 이란의 람사르에서 체결되었다. 습지가 생태학적으로 중요하며 인간에게 유용한 환경자원이라는 인식을 공유하였다.

# 32.
# 환경 문제 해결을 위해
# 기업은 어떤 노력을 할까?

　1992년 브라질의 리우데자네이루에서 열린 기후 변화 협약은 정부와 기업의 관계를 규제와 통제에서 동반자 관계로 전환하는 계기가 되었다. 이러한 흐름을 따라 우리나라도 환경 문제에서 정부와 기업의 신뢰를 바탕으로 협력 관계를 일구어 나가고 있다. 그 방안의 하나로 녹색 기업 지정 제도라는 것이 있다. 이것은 기업이 스스로 환경 피해 물질량을 평가하고 개선 계획을 실행하게 함으로써 자율적으로 환경 관리 체제를 구축하게 하는 데 목적이 있다. 이러한 녹색 기업 지정 제도는 기업이 환경 문제에 사회적인 책임을 느끼고 노력하는 계기가 되었다.

　기업의 가장 일반적인 환경 보호 노력은 이윤의 일부를 환경 보호 활동 지원에 쓰는 것이다. 이는 기업들이 가장 많이 사용하는 방식이다. 우리나라의 어느 기업은 1984년부터 '우리 강산 푸르게'라는 캠페인을 펼치며 나무를 심고 숲을 가꾸는 일을 시작했다. 30년 동안 생태 환경 보존을 위해 국·공유림에 720만여 그루의 나무 심기, 숲 가꾸기, 숲·생태 전문가 양성 등 숲을 중심으로 하는 다양한 활동을 하고 있다. 또한 황사나 미세 먼지로 우리나라에 영향을 주는 중국과 몽골에 2094만여 그루의 나무를 심고 가꾸어 오고 있다.

이보다 더 적극적인 환경 보호 노력은 상품 생산과 사용 단계에서 환경에 끼치는 영향을 최소화하는 것이다. 예컨대 100퍼센트 재활용 종이로 포장재를 만들거나, 공장에서 배출하는 배기가스나 오·폐수를 정화 시설로 걸러 내는 등의 실천이 있다. 그 밖에도 화석 연료를 이용해 생산하는 전력의 사용을 최소화하고 친환경적인 전력을 사용하는 사례도 있다. 해외의 어느 기업은 자체 태양광 발전으로 전력을 생산하여 매장을 운영하고 있으며, 앞으로 전 매장에서 90퍼센트 에너지 자립을 목표로 태양광 에너지, 지열 에너지 등을 적용할 예정이라고 한다.

환경 보호를 위한 가장 높은 단계의 노력은 원료 채취부터 이동·가공·유통 등 모든 과정에 걸쳐 환경친화적인 방식을 적용하는 것이다. 이 방식은 '제품 생산 과정에서의 오염 물질 발생을 원천적으로 감소시킨다.'는 점에서 환경 문제 해결에 큰 희망을 품게 한다. 아직은 많은 기업들이 참여하고 있지 않지만, 환경 문제 해결을 위해 기업들이 반드시 해야 할 일이다. 예를 들어 기업이 농약을 많이 뿌린 면화를 원료로 사용하지 않는다면, 면화 농장에서도 좀 더 환경을 고려하여 면화를 재배하게 될 것이다.

어떤 사람들은 기업은 기본적으로 영리를 추구하기 때문에 이익이 되지 않는 환경 문제 해결에 적극 나설 리가 없다고 말한다. 그러나 위의 사례에서 보듯이 최근 들어 여러 기업이 환경 문제에 관심을 두고 노력하고 있는 것은 분명한 사실이다. 소비자들은 이런 기업의 제품을 이용하고, 기업들이 환경 문제를 해결하기 위해 더 적극적으로 노력할 수 있도록 비판과 견제의 시선을 거두지 말아야 한다.

## 33.
## 환경 문제 해결을 위해
## 시민 사회는 어떤 노력을 할까?

팜유는 야자과의 기름야자 열매에서 추출하여 야자유라고도 하는 식용
유이다. 팜유는 립스틱부터 치약, 도넛, 초콜릿 바, 바이오 디젤에 이르기
까지 전 세계 수천 가지 제품에 사용된다. 팜유는 다른 식물성 기름보다
싸고 생산 효율성이 높아 현재 모든 소비재의 절반 정도에서 사용될 만큼
활용도가 크다. 그렇다면 이렇게 쓸모 있는 팜유는 어떻게 생산되고 있을
까?

세계 자연 보호 기금에 따르면, 1시간에 축구장 300개 면적에 맞먹는
열대 우림이 팜유 생산을 위해 파괴된다고 한다. 이 때문에 오랑우탄 같은
멸종 위기 종들의 서식지가 없어지고, 세계 기후에도 큰 영향을 끼치고 있
다. 현재 인도네시아와 말레이시아에서 전 세계 팜유의 85퍼센트 이상을
생산한다. 그린피스에 따르면 팜유 생산이 인도네시아에서 숲을 파괴하는
가장 큰 원인이라고 한다. 보르네오섬에서는 삼림 벌채의 75퍼센트가 팜
유 때문이었다. 지금과 같은 속도로 숲이 파괴된다면 인도네시아와 말레
이시아의 숲은 20년 안에 완전히 사라지게 된다고 한다.

환경 단체와 시민 운동가들은 팜유 생산 때문에 열대 우림이 파괴되는
것에 지속적으로 경고의 목소리를 내고 있다. 이런 노력 덕분에 팜유 생산

팜유가 사용된 제품들

이 환경에 끼치는 영향에 대해 알게 된 시민들이 많아졌고, 기업들에 팜유 사용을 다시 생각해 보라고 압력을 넣는 시민들도 생겼다. 그리고 세계 최대 규모의 기름야자 경작자, 거래자, 소비자들 가운데 일부가 이른바 '삼림 벌채 제로 조약'이라는 것을 맺고, 지속 가능하고 윤리적인 생산을 하기로 결정했다. 또한 세계 팜유 거래의 절반가량을 맡고 있는 싱가포르의 어느 기업은 원료 공급망에서 삼림 벌채를 완전히 중단하기로 했다.

이와 같이 환경 문제에 대처하는 시민들의 노력은 열대 우림 보호에만 그치지 않았다. 시민들의 후원과 참여로 운영되는 그린피스는 1971년 미국이 알래스카 근처 암치트카섬에서 진행하려던 핵실험을 반대하며 행동한 것을 시작으로 지금까지 활발하게 활동하는 세계적 환경 단체이다. 1985년에는 프랑스의 남태평양 핵실험 반대 운동을 하던 그린피스의 선박 레인보 워리어호를 프랑스 정부의 비밀 요원이 침몰시킨 사건까지 있었지만, 그린피스의 반핵 운동은 멈춰지지 않았다. 그린피스는 플루토늄과 핵폐기물을 추적하여 전 세계를 누비고, 플루토늄 재처리 의 위험성을 밝히는 데 노력했다.

프랑스의 핵실험 중단을 요구하는 그린피스의 활동이 국제적으로 주목받으면서 700만 명 이상의 사람들이 서명 운동에 참여했고, 결국 프랑스·영국·미국·러시아·중국이 포괄적 핵실험 금지 조약에 서명했다. 그리하

반핵 시위를 하는 그린피스 회원들

여 1992년에는 프랑스가 무루토아섬에서 핵실험을 하려던 계획을 취소하
기에 이르렀다.

2003년에 그린피스는 전 세계에서 3000만 명이 참여한, 인류 역사상 가
장 큰 반전 시위를 벌이기도 했다. 그린피스는 국가나 기업의 후원을 거부
하고 오로지 전 세계 시민들의 기부로만 운영되고 있다.

우리나라에도 환경을 지키기 위해 활동하는 시민 단체가 많이 있다.

2000년 강원도 동강 댐 건설을 놓고 반대 운동이 벌어져 동강 댐 건설

● 핵발전소의 사용후핵연료에서 핵분열을 하지 않은 우라늄235와 플루토늄을 추출하는 공정이다.
사용후핵연료에 포함되는 플루토늄과 우라늄235는 각각 1.0퍼센트 정도이고 나머지는
고준위방사성폐기물이 된다. 사용후핵연료는 사람이 가까이 가기만 해도 즉사할 정도로 강한
방사선을 쏜다. 그래서 재처리 공장은 일반 핵발전소보다 훨씬 많은 방사성 물질을 방출한다.

은 결국 백지화됐다. 동강 댐 백지화 결정을 이끌어 낸 데에는 시민 단체인 '환경 운동 연합'이 큰 역할을 했다. 환경 단체들은 수달과 황조롱이 등 천연기념물 13종을 포함해 1800여 종의 동물과 1000 종이 넘는 식물이 서식하는 동강 유역이 생물 종 다양성이 높은 곳이라고 평가했다. 그뿐만 아니라 이 지역은 독특한 석회암 지형이 있고 지석묘 같은 석기 시대 유적이 발견되는 등 자연 문화유산으로서도 가치가 크다는 점을 강조했다. 이에 따라 정부도 댐을 건설해 수자원이나 홍수 대책으로 쓰는 것보다는 강을 보존하는 것이 더 가치 있다고 판단하였다. 환경 단체들은 동강 댐 백지화뿐만 아니라 2003년 가야산 골프장 백지화, 2010년 석면 피해 구제 법안 제정 의결 등 다양한 환경 문제에 목소리를 내고 있다.

이와 같은 시민 사회의 노력으로 환경 문제 해결과 관련해 정부·기업의 부족한 면을 보완할 수 있다. 앞으로도 시민들은 우리 사회에서 나타나는 환경 문제를 지속적으로 제기할 것이고, 그럼으로써 많은 사람들이 환경 문제에 올바르게 접근하게 될 것이다.

## 34.
## 환경 문제 해결을 위해
## 개인들은 무엇을 실천할까?

커피 한 잔은 0.6킬로그램, 햄버거 한 개는 2.5킬로그램의 탄소를 배출한다. 나도 모르는 사이에 지구 온난화의 주범인 이산화탄소를 내뿜고 있는 것이다. 일상생활에서 만들어지는 이산화탄소의 양을 표시한 것이 '탄소 발자국'이다. 탄소 발자국을 보면 내가 하루에 얼마나 많은 이산화탄소를 배출했는지 알 수 있고 경각심을 느낄 수 있다.

그런데 현실에서는 환경 문제를 해결하려는 노력이 아직 부족한 편이다. 여름철 학교 점심시간의 교실 모습을 떠올려 보자. 학생들이 점심을 먹으러 가서 텅 빈 교실에는 앞뒷문과 창문이 활짝 열린 채 에어컨이 돌아가고 있다. '우리 집이 아니니까 내가 신경 쓰지 않아도 되겠지.' 이런 생각을 하고 있는 건 아닐까? 가정에서는 전기 제품을 사용한 후 플러그를 뽑지 않고 그냥 두거나 양치질하는 내내 수돗물을 틀어 놓기도 하고, 긴 시간 샤워를 하는가 하면 분리수거는 부모님 몫이라고 생각하는 경우도 많다. 먹다 남은 음식을 버릴 때 환경 오염을 걱정해 본 적은 얼마나 있는가?

환경 문제는 자연 스스로 오염 물질을 정화할 수 있는 한계점을 넘으면서 시작된다. 인간이 살아가려면 오염 물질을 배출하지 않을 수 없지만, 자연이 정화할 수 있는 한계를 넘지 않도록 노력해야 한다.

## 일상생활 속 내가 만드는 탄소 발자국

| | | | |
|---|---|---|---|
| 일회용 컵 사용 | 11g | 노트북 사용 10시간 | 258g |
| 샤워 15분 | 86g | 텔레비전 시청 2시간 | 129g |
| 헤어드라이어 사용 5분 | 43g | 냉장고 24시간 | 554g |
| 화장실 사용 1회 | 76g | 전기밥솥 사용 10시간(보온 포함) | 752g |
| 세탁기 사용 1시간 | 791g | 사무실 형광등 10시간 | 103g |

따라서 환경 문제를 해결하기 위해서는 정부와 기업 못지않게 개개인의 실천이 중요하다. 에너지 절약은 가정에서 시작되어야 한다. 예컨대 가정용 냉난방기의 온도를 1℃ 조정하면 연간 110킬로그램의 이산화탄소를 줄일 수 있다. 전등을 절전형으로 교체하면 연간 17킬로그램, 승용차를 일주일에 하루만 덜 이용해도 연간 445킬로그램, 쓰레기 분리수거만 철저히 해도 연간 188킬로그램의 이산화탄소를 줄일 수 있다고 한다.

사무실에서도 에너지를 절약할 수 있다. 퇴근할 때 전기 플러그를 뽑고, 4층 이하의 계단은 걸어서 오르내리고, 이면지를 사용하며, 종이컵 대신 개인용 컵을 사용하고, 출퇴근 때 대중교통을 이용한다. 또 적극적으로 환경 문제에 관심을 기울이고 정부의 환경 정책을 살피며 환경 단체에 회원으로 가입하거나 후원 활동을 할 수도 있다.

지금 당장 눈에 보이지는 않지만, 환경 문제를 해결하고자 하는 개개인의 작은 노력과 실천은 미래를 위한 바람직한 선택이 될 것이다. 그리고 개개인의 작은 노력에 힘입어 인류의 미래는 지속될 것이다.

# 3 산업, 교통·통신, 정보화가 바꿔 놓은 세상과 미래

생활 공간과 사회

◆ 산업 혁명은 어떻게 진행되었을까?

◆ 도시화는 어떻게 전개되었을까?

◆ 산업화, 도시화로 생활 공간은 어떻게 변화했을까?

◆ 교통의 발달에 따라 생활 양식은 어떻게 변화했을까?

◆ 교통 발달에 따른 문제를 해결할 방법은 무엇일까?

산업화와 도시화를 거치면서 우리의 생활 공간과 생활 양식은 크게 바뀌었습니다. 산업화와 도시화로 생활은 풍요로워졌지만 도시 문제와 같은 각종 문제점 또한 드러났습니다. 교통·통신의 발달도 동전의 양면처럼 우리 생활에 긍정적으로 작용하기도 하지만 부작용을 일으키기도 합니다. 지식과 정보가 부가 가치를 창출하는 정보 사회로 접어들면서 우리 삶에는 더욱 많은 변화가 나타나고 있습니다.

이 장에서는 산업화와 도시화, 교통과 통신의 발달에 따라 지역이 어떻게 변화했는지를 알아보고, 이로 인해 나타난 문제를 해결하기 위해서 사회와 개인이 어떤 노력을 기울여야 하는지 살펴봅니다.

# 35.
# 산업 혁명은 어떻게 진행되었을까?

산업 혁명은 인류 역사에서 아주 중요한 사건 가운데 하나이다. 보통 혁명은 갑작스러운 변화를 가리키지만 산업 혁명은 점진적으로 진행되었다.

16세기 신항로를 개척한 뒤 유럽 경제는 크게 성장했으며, 자본을 축적한 상인들이 농촌에 작은 공장을 지었다. 그전에는 필요한 물품을 각 가정에서 직접 만들었지만, 이제는 상인들이 가져다주는 원료를 사용해 공장에서 면직물 같은 상품을 생산하게 되었다. 가내 수공업에서 공장제 수공업으로 생산 방식이 바뀐 것이다.

18세기 후반에 이르러 생산 방식은 다시 한 번 변화하였다. 각종 기계가 발명되면서 공장제 수공업이 공장제 기계 공업으로 전환된 것이다.

1764년 실을 만드는 방적기가 만들어지고 뒤이어 옷감을 짜는 직조기가 만들어졌다. 1768년에는 물의 힘을 이용하는 수력 방적기가 개발되었는데, 공장을 물가에 세워야만 하는 단점이 있었다. 그러나 이 문제도 곧 해결되었다. 와트가 물이 아

와트는 증기 기관을 만들어 동력의 혁신을 이루었다.

닌 수증기의 힘으로 움직이는 증기 기관을 발명했기 때문이다.

공장제 기계 공업은 대량 생산 체제를 가져왔다. 동력의 혁신과 함께 생산 과정을 여러 단계로 나누어 각자 한 단계만 담당하는 분업화가 도입되자 대량 생산을 할 수 있게 되었다. 경제학자 애덤 스미스(1723~1790)는 『국부론』에서 분업화의 장점을 다음과 같이 표현했다.

핀 만드는 일을 잘 알지 못하는 노동자는 아무리 노력해도 하루에 핀 20개는커녕 단 1개도 만들 수 없다. 그러나 오늘날 핀 제조업은, 한 사람이 철사를 가져오면 두 번째 사람이 그것을 바르게 펴고, 세 번째 사람은 그것을 자르고, 네 번째 사람은 그 끝을 뾰족하게 만들고, (……) 결국 핀 하나를 완성하는 데 필요한 18회의 세부 작업을 따로 분담시킨다. 이렇게 해서 이 공장에서는 노동자 한 사람당 평균 4800개의 핀을 생산하고 있다.

산업 혁명이 처음 시작된 나라는 영국이다. 16세기 영국에서는 양털로 천을 만드는 모직 공업이 성장하고 있었다. "양의 발은 모래를 황금으로 만든다."라는 말이 있을 정도로 모직 공업은 큰 이익을 가져다 주었다. 그러자 땅을 가진 지주들은 농업보다 더 많은 이윤을 안겨 주는 양을 기르기 위해 농민들을 내쫓고 공유지에 울타리를 쳤다. 목초지를 늘리고 양이 다른 사람의 땅으로 넘어가는 것을 막기 위해서였다. 이것을 울타리 치기, 곧 '인클로저 운동'이라 일컫는다. 이렇게 토지를 잃은 농민들이 일자리를 찾아 도시로 몰려들어 공업에 필요한 노동력을 제공하게 되었다. 영국은 노동력뿐만 아니라 석탄, 철광석 같은 자원도 풍부했다. 그리고 17세기에 영국은 시민 혁명을 거치면서 정치가 안정되고 많은 식민지를 두었기 때문에 대량으로 생산된 물건을 팔 시장이 충분했다.

한편, 기계의 발달은 교통의 발달을 이끌었다. 공장에서 대량 생산한 제품을 다른 지역으로 가져가 판매하기 위해서는 교통수단이 필요했다. 때맞춰 스티븐슨이 증기 기관차를 발명하여 각종 자원과 제품을 대량으로 신속히 운반하게 되면서 영국 곳곳에 철로가 놓이고, 항구는 수많은 물건을 싣고 내리는 증기선으로 북적거렸다. 증기 기관차와 증기선의 발달에 힘입어 영국에서 생산된 제품은 세계 곳곳으로 팔려 나갔다.

교통의 발달로 산업 혁명은 유럽을 비롯하여 전 세계로 확산되었다. 1830년대부터 프랑스와 벨기에가 산업화하기 시작했으며, 19세기 후반에는 독일과 미국이 산업 혁명 대열에 합류했다. 1889년 프랑스 파리에서 열린 만국 박람회는 자동차부터 전기 엘리베이터에 이르기까지 그 무렵 발달된 기술 수준을 잘 보여 준다. 귀스타브 에펠이 설계하고 1만 8038개의 철재로 조립한 에펠 탑은 만국 박람회의 공식 조형물로, 산업 혁명을 이끈 철강 산업의 발달을 잘 보여 준다. 또한 밤에 에펠 탑을 밝힌 전등 빛은 전기의 등장을 알려 준다. 1870년 전기가 사용되면서 공장에서는 늦은 밤에도 일할 수 있게 되었고, 따라서 더 많은 제품을 생산하게 되었다.

이러한 과정을 거쳐 산업 혁명은 농업 중심 사회를 공업 중심 사회로 바꾸었으며, 인류의 생활 공간을 도시 중심으로 변하게 했다.

# 36.
# 도시화는 어떻게 전개되었을까?

18세기 후반, 영국의 산업이 공업 중심으로 바뀌면서 더욱 많은 인구가 농촌을 떠나 도시로 몰렸다. 1551년 영국의 수도인 런던의 인구는 약 8만 명이었는데, 1801년에는 10배 이상 늘어나 86만 명을 넘었다. 런던은 행정 중심지이며 상업·금융·교통 같은 서비스업과 공업의 중심지였기 때문에 여러 지방에서 더 나은 삶의 기회를 찾아온 사람들로 넘쳐났다.

이 시기에는 영국의 다른 공업 도시들도 인구가 늘었다. 특히 맨체스터

산업 혁명으로 공장이 즐비한 영국 맨체스터. 1853년경

는 큰 강을 끼고 있어 수력 방적기를 이용하기에 유리하고, 주변에 매장량이 풍부한 탄광들이 있어서 증기 기관에 필요한 에너지를 공급받기에도 좋았다. 이런 이점 덕분에 맨체스터에 모직 공업과 면직 공업이 발달하고 많은 사람들이 몰려들었다. 1774년 맨체스터의 인구는 약 4만 명에 불과했지만 1831년에는 약 27만 명, 1900년에는 60만 명을 넘어섰다. 그 무렵 맨체스터에는 굴뚝에서 연기를 뿜어내는 공장과 제품을 보관해 두는 대규모 창고가 즐비했다.

이렇게 도시에 인구가 집중하자 많은 문제가 발생했다. 편의 시설이 부족한 것은 물론이고 상하수도조차 제대로 갖추어지지 않아 오물과 쓰레기가 넘치고 전염병이 창궐했다. 노동자들의 열악한 주거 환경은 대규모 노동 분쟁을 불러오기도 했다.

런던, 맨체스터 같은 도시들은 점차 도시 환경을 개선해 나갔다. 상하수도 시설을 갖추고, 노동자를 위한 병원과 학교, 공공 주택을 지었다. 도시에서 일어나는 갖가지 문제를 해결하기 위해 시청이나 법원 같은 공공 기관이 늘어났으며, 호텔·백화점·극장 등의 새로운 시설들도 등장했다. 인구가 늘고 각종 기반 시설이 마련되면서 도시는 수많은 상품을 생산하는 곳이자 서비스, 금융, 교육, 문화 등 여러 부문에서 다양한 기능을 하는 곳으로 변모했다.

런던과 맨체스터에서 보듯이 산업화는 도시화를 불러왔다. 도시화는 도시적인 생활 양식이 확대되는 현상을 말한다. 도시화는 한 나라에서 전체 인구 중 도시에 거주하는 인구가 차지하는 비율인 '도시화율'에 따라 초기 단계, 가속화 단계, 종착 단계로 나눈다. 초기 단계는 대부분 인구가 촌락에 살며 1차 산업에 종사하는 시기이다. 가속화 단계는 산업화가 본격적

으로 진행되면서 촌락의 인구
가 도시로 대규모로 이동하는
이촌향도 현상 때문에 도시화
율이 급격히 높아지는 시기이
다. 그리고 도시화율이 80퍼
센트를 넘어서면 도시화가 완
만하게 진행되는 종착 단계로
들어선다.

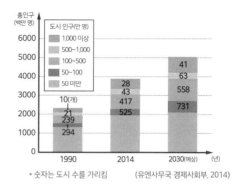

## 세계의 도시 인구 증가

* 숫자는 도시 수를 가리킴          (유엔사무국 경제사회부, 2014)

　18세기에 산업 혁명이 일어
난 서부 유럽은 그 뒤 약 200년에 걸쳐 도시화가 점진적으로 이루어졌다.
그와 달리 라틴 아메리카, 아시아, 아프리카와 같은 개발 도상국의 도시화
는 20세기 중반 이후 30~40년 동안 빠르게 진행되었다. 오늘날에도 개발
도상국에서는 많은 인구가 촌락을 떠나 도시로 향하고 있다. 1800년대까
지는 전 세계 인구의 약 2.5퍼센트가 도시에 거주했지만, 지금은 전 세계

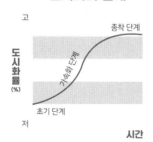

## 도시화의 단계

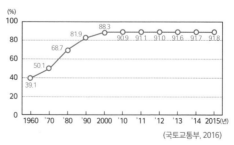

## 우리나라의 도시화율

(국토교통부, 2016)

인구의 절반이 도시에 거주하고 있다.

우리나라는 1960년대 이전까지 인구 대부분이 촌락에 거주했다. 그러나 1960년대 이후 경제 개발 계획이 추진되면서 서울·인천·경기도를 포함하는 수도권과 부산·광주·대구와 같은 대도시로 많은 인구가 이동했다. 1970년대에는 정부에서 원료 수입과 제품 수출에 유리한 남동 임해 지역에 각종 중화학 공업 단지를 조성하면서 울산·부산 등지의 인구가 급증했다. 이처럼 우리나라의 도시화는 정부가 주도하는 경제 성장 정책에 따라 빠르게 이루어졌다. 그 결과 1970년에 50퍼센트 정도였던 우리나라의 도시화율은 현재 90퍼센트를 넘어 인구 10명 중 9명이 도시에 거주하고 있다.

## 37.
## 산업화, 도시화로 생활 공간은
## 어떻게 변화했을까?

산업화와 도시화로 국토를 이용하는 방향도 크게 달라졌다. 주택, 공장, 도로 등이 늘어나면서 시가지 면적이 넓어지고 숲이나 습지, 초원 같은 녹지 면적은 줄어들었다.

서울의 잠실이나 압구정동은 1970년대 이전까지만 해도 대부분 농사짓는 곳이었다. 잠실은 조선 시대에 누에를 기르는 양잠을 장려하기 위해 뽕나무를 심고 '잠실도회'라는 기관을 두었던 데서 지명이 유래했고, 압구정은 조선 전기 문신 한명회가 별장을 지었던 곳으로 대부분이 배 밭이었다. 이런 곳들이 시가지의 범위가 넓어지면서 완전히 탈바꿈하게 된다. 산업화가 시작된 후 서울의 면적은 빠르게 넓어졌다. 1949년에 약 136제곱킬로미터였는데 1963년에는 약 593제곱킬로미터, 현재는 605제곱킬로미터에 25개 구가 있는 거대한 도시가 되었다.

도시의 규모가 작을 때는 도시 안에 상업·주거·공업 등 다양한 기능이 뒤섞여 존재하지만, 규모가 커지면서 업무·상업·주거 등 비슷한 기능끼리 분리되는 경향이 나타난다.

서울의 중구(中區)는 지명 그대로 서울 중심에 있다. 중구처럼 도시의 중심에 위치한 곳을 도심이라고 한다. 여러 지점에서 출발하여 해당 지역

1394년

1911년
한성부 성저10리
한성부 도성5부

1914~1949년

1949년
1936년
1944년  1914년

1963년

1973년

도봉구
서대문구  성북구
종로구  동대문구
마포구  중구
용산구
영등포구
관악구  성동구

1995년

도봉구
은평구  강북구  노원구
종로구
성북구  중랑구
서대문구  동대문구
강서구  마포구  중구  성동구
양천구  영등포구  용산구  광진구  강동구
구로구  동작구  강남구  송파구
금천구  관악구  서초구

산업화와 도시화로 서울의 면적이 크게 바뀌었다.

에 도달하기 쉬운 정도를 접근성이라고 하는데, 도심은 접근성이 높다. 접근성이 높은 지역은 땅을 통해 얻을 수 있는 이익이 많아 땅값도 비싸다. 2017년 현재 전국에서 땅값이 가장 비싼 곳 1위에서 10위까지는 모두 서울 중구의 명동에 있다.

도심에는 주택보다 비싼 땅값을 지불할 수 있는 시청이나 대기업 본사, 백화점 등이 들어선다. 실제로 중구와 종로구에는 시청을 비롯한 공공 기관과 대기업 본사, 은행 본사가 있으며 백화점과 호텔 같은 고급 시설들이 있다. 도심은 각종 업무를 처리하거나 쇼핑하러 나온 사람들로 낮에는 북적이지만 저녁이 되면 많은 사람들이 퇴근하거나 외곽 지역으로 돌아간다. 따라서 늦은 밤이 되면 도심은 한산해진다.

도시의 외곽 지역은 도심에 비해 접근성이 낮아 도시 안에서도 비교적 땅값이 싸다. 그래서 비싼 땅값을 지불할 수 없는 주택들이 외곽 지역에 자리 잡는다. 서울의 도봉구, 노원구, 강동구 등에는 많은 인구를 수용하기 위한 대규모 아파트 단지가 밀집해 있다. 이에 따라 이곳에는 초·중·고등학교가 많고 대형 슈퍼마켓들도 자리 잡고 있다.

한편 강남역, 영등포역처럼 도심과 외곽의 중간에는 도심의 기능을 분담하는 부도심이 있다. 부도심에는 백화점이나 금융 기관, 영화관 같은 각종 편의 시설이 모여 도심과 비슷한 경관이 나타난다.

대도시의 성장은 주변 지역에도 영향을 준다. 서울의 주택 부족, 교통 혼잡 같은 문제를 해결하기 위해 서울의 기능을 분담하는 위성 도시들이 서울 주변에 발달했다. 경기도 성남시와 고양시는 주거 기능을 분담하며, 안산시와 평택시는 공업 기능이 발달해 있다. 이런 위성 도시의 성장으로 대도시의 인구나 기능, 시설 등이 도시 주변 지역으로 확산되는 교외화 현상이 나타나 대도시권이 형성된다. 대도시권은 교통의 발달을 전제로 이루어지는데, 이는 위성 도시에서 대도시로 매일 출근할 수 있어야 하기 때문이다.

대도시권은 주변의 농촌 지역까지 포함한다. 경기도 양평군과 가평군에서는 농업 활동이 주로 이루어지는 동시에 도시적인 경관도 나타나는데, 이를 근교 농촌이라고 한다. 근교 농촌은 도시에서 이동한 인구가 많아지면서 땅값이 올라 판매를 목적으로 하는 상업적 농업이 발달한다. 따라서 겨울에도 비닐하우스를 설치해 채소, 꽃, 과수 등을 재배하는 근교 농업이 활발하다. 최근에는 아파트가 들어서고 공장이 늘어나는 등 농촌의 모습이 많이 사라지고 있다.

**대도시권의 공간 구조**

대도시 일일 생활권
통근 가능권
중심 도시
교외 지역
대도시 영향권
배후 농촌 지역
위성 도시
주말 생활권

대도시권의 위성 도시 모습. 아파트가 들어서고 농촌의 모습이 사라지고 있다. 하남시.

## 38.
## 산업화, 도시화로 생활 양식은 어떻게 변했을까?

옷이나 화장품 매장, 인터넷 쇼핑몰에서 뉴요커(New Yorker) 스타일이라는 홍보 문구를 흔히 볼 수 있다. 뉴요커는 뉴욕에 사는 사람을 가리키는 말이지만 도시적인 이미지를 뜻하기도 한다. 드라마나 영화를 보면 레스토랑에서 브런치를 즐기거나 한 손에는 커피를, 다른 손에는 쇼핑백을 들고 뉴욕 거리를 거니는 주인공들이 종종 등장한다. 이들은 마치 도시인들이 어떻게 살아가는지를 말해 주는 듯하다.

산업화와 도시화로 사람들의 생활 양식은 크게 변했다.

첫째, 도시적 생활 양식이 확대되었다. 도시 주민들은 편리한 교통 시설과 백화점이나 복합 쇼핑몰 같은 상업 시설, 그리고 영화관·공연장·경기장 등의 여가·문화 시설을 이용한다. 이러한 도시적 생활 양식은 농촌의 생활 양식과 대비되는 말이었다. 그러나 최근에는 촌락에서도 도시적 생활 양식이 나타나고 있다. 교통이 발달하면서 촌락 주민들이 도시로 나가 백화점, 공연장, 종합 병원과 같은 시설을 이용하고, 통신의 발달에 힘입어 각종 물품을 전자 상거래로 쉽게 구매하고 있다. 이제 도시적 생활 양식은 어디에서나 나타나는 보편적인 생활 양식이 되었다.

둘째, 직업이 분화하고 이질성이 높아졌다. 산업 혁명으로 분업화하는 과정에서 다양한 직업이 생겨났다. 예를 들어 그릇만 하더라도 옛날에는 장인이 수작업으로 전체 공정을 담당했다. 그러나 지금은 그릇을 디자인하는 사람, 무늬를 새기는 사람, 염료를 만드는 사람, 그릇을 포장하는 사람, 판매 광고를 제작하는 사람 등 많은 직업으로 분화했다. 그리하여 도시는 직업, 출신 지역, 가치관이 서로 다른 사람들이 모여 살아가는 곳이 되었다.

셋째, 개인주의 가치관이 확대되었다. 전통 사회에서는 대부분의 사람들이 자기가 태어난 곳에서 살아갔다. 농사를 짓기 위해 서로 협동해서 일했기 때문에 공동체 의식이 강했다. 그러나 도시는 여러 지역에서 몰려든 사람들이 살기 때문에 유대감이 강하지 않다. 익명성 또한 보장된다. 익명성은 개인의 신분이나 이름이 타인에게 알려지지 않기 때문에 행동하는 데 구속이나 제한을 적게 받는 것을 뜻한다.

이러한 변화에 따라 도시에서는 개인의 가치와 권리를 중요시하는 개인주의 가치관이 확대되었다. 한 예로 1인 가구 비율의 증가를 들 수 있다. 산업화 이전에는 3대가 함께 사는 6인 이상의 대가족이 많았지만 산업화·도시화와 함께 4인 가구, 2인 가구 같은 핵가족이 늘었다. 최근에는 혼자 사는 사람이 늘고 있는데, 2015년 기준 우리나라의 1인 가구 비율은 27.2퍼센트에 달했다. 여러 가지 이유를 따져 봐야겠지만 기본적으로 개인의 자유와 권리를 중시하는 사회 분위기에서 결혼하지 않거나 가족에게서 독립하여 생활하는 사람들이 늘고 있기 때문일 것이다.

넷째, 속도 지향적인 삶을 살게 되었다. 옛날에는 사람들이 집과 가까운 농경지에서 일하며 봄이면 파종을, 가을이면 수확을 하는 등 자연의 변화에 맞춰 생활했다. 그러나 산업 혁명 이후에는 계절과 상관없이 정해진 출

복합쇼핑몰. 경기도 고양시

퇴근 시간에 맞추어 일하게 되었다. 이때부터 노동하는 시간을 제외한 나머지 시간에 휴식을 취하는 '여가'라는 개념이 생겼다. 자본가와 노동자 모두 '시간은 돈'이라고 여기게 되었다. 자본가는 제한된 시간 안에 많은 제품을 생산하고, 노동자는 맡은 일을 주어진 시간 안에 마쳐야 했기 때문에, 시간은 곧 경쟁력이 되었다. 그리하여 이전에 없던 근로 시간표, 일정표 등 시간을 관리하는 기술까지 생겨났다.

다섯째, 대량 소비문화가 등장했다. 산업화 이전 사회에서 소비는 주로 생존에 필요한 것을 사용하는 것이었지만, 현대 도시에서 소비는 생존뿐만 아니라 여러 욕구를 해소하는 의미까지 포함한다. 예를 들어, 어떤 사람은 자기 과시를 위해서 산 옷들로 옷장을 가득 채우고 있다. 그런데도 외출할 때면 입을 옷이 없다고 투덜거린다. 도시 곳곳에 들어선 복합 쇼핑몰도 대량 소비 문화의 좋은 사례이다. 수많은 사람들이 복합 쇼핑몰에서 쇼핑을 하고, 음식점에서 식사를 하고 커피를 마신다. 그리고 쇼핑몰 안의 영화관에서 영화를 보고 스포츠 센터에서 운동을 한다.

이처럼 다양한 직업의 사람들이 넘쳐나지만 비슷한 생활 양식을 누리는 곳, 속도 지향의 삶이 이루어지는 곳, 대량 소비가 이루어지는 곳이 바로 오늘날의 도시이다.

## 비움의 미학, 미니멀 라이프

비움의 삶, 미니멀 라이프(minimal life)를 실천하는 사람들이 늘고 있다. 많은 것을 가지기 위해 들이는 시간과 노력이 오히려 행복한 삶을 방해한다고 생각하기 때문이다. 인터넷 쇼핑몰에서 필요한 옷을 검색하는 데 많은 시간을 허비하지만, 그렇게 산 옷은 이미 갖고 있는 옷과 별 차이가 나지 않는다. 물건만이 아니다. 사회 관계망 서비스(SNS)를 통해 무분별하게 맺어진 인맥과 정보가 넘쳐난다. 일과 사람 간의 관계, 정보 등 모든 것이 과잉인 상태가 현대 도시의 삶이다. 이제 사람들은 무언가를 꽉 채우는 대신 잘 버려서 텅 비우는 방법을 찾기 시작했다. 옷장에서 입지 않는 옷을 찾아 시민 단체에 기부하거나 필요 없는 물건을 마을 장터에서 나누며 함께하는 즐거움을 느낀다. 거미줄처럼 얽혀 있는 인간관계를 정리하고 자기가 소중하게 생각하는 사람과 깊은 대화를 나눈다. 이런 과정을 통해 물질에 대한 집착과 타인의 시선을 의식하는 데서 벗어나 궁극적으로 정신적인 자유에 이르고자 하는 것이 미니멀 라이프이다.

## 39.
## 산업화, 도시화로 인한
## 인간 소외 현상은 어떻게 해결할까?

　미국의 대표적인 사실주의 화가 에드워드 호퍼의 그림 한 점을 보자. 두 사람이 한방에 있지만 서로 무관심하게 자기 일을 하고 있다. 이는 현대 사회에 만연한 고독감과 상실감, 그리고 단절과 소외를 말해 준다.

　산업화와 도시화는 인류에게 많은 혜택을 주었지만 인간 소외라는 문제도 안겨 주었다. 예를 들어 자동차 공장의 노동자들은 자동차가 만들어

에드워드 호퍼, 〈뉴욕의 방〉, 1932 ©Sheldon Museum of Art

지는 과정의 일부분을 담당하는 기계와 다를 바 없다. 노동자는 언제든지 다른 노동자로 바꿀 수 있는 도구로 다루어진다. 인간의 풍요로움을 위해 만든 시스템이 거꾸로 인간을 지배하고 때로는 배제한다.

　타인에 대한 무관심도 인간 소외 현상에 따른 결과이다. 옛날에 우리 조상들은 이웃집 숟가락이 몇 개인지까지 알았다는데 오늘날 도시에서는 옆집에 누가 사는지조차 모른다. 생존 경쟁이 강조되는 사회에서는 낙오와 실패가 모두 개인의 탓으로 여겨지기 때문에 주변 사람과의 관계보다 개인 중심의 생활이 중시된다.

　그러나 물질 중심적인 사고를 극복하고 현대 사회의 인간 소외 현상을 해결하기 위한 노력이 여러 형태로 이루어지고 있다. 한 가지 예를 들면 SNS를 통해 관심사가 비슷한 사람끼리 만나 식사를 즐기며 인간관계를 맺는 소셜 다이닝(social dining)이 있다. 1인 가구가 늘어나면서 혼밥 문화가 흔한 현상이 된 상황에서, 소셜 다이닝은 혼밥의 고독을 해소하고 소통하는 즐거움을 나누고자 하는 것이다.

　또 지역 공동체에서는 사회적인 밥 나누기 운동을 벌이기도 한다. 지역 주민들이 모여 음식을 만들며 소통하는 '행복 나눔 공유부엌', 계절에 맞

정부·지방 자치 단체 지원
전국 공동체 추이

(단위: 개) ※누계치　　　　자료: 행정자치부

는 밥상 나눔 축제를 여는 '느린 곳간' 같은 시도가 그것이다. 이러한 움직임은 주민 사이의 유대감을 강화하고 현대인의 단절된 인간관계를 이어 주면서 인간 소외 현상을 해결하는 방안으로 주목받고 있다.

아파트에서도 마을 공동체가 생겨나고 있다. 서울 성동구의 한 아파트 단지는 층간 소음 때문에 주민들 사이서 갈등이 심했다. 그런데 2011년부터 주민들끼리 모여 옥상에 텃밭을 만들고 벼룩시장을 열면서 얼굴을 마주하고 소통하는 자리를 마련해 왔다. 이러한 노력 덕분에 양보와 배려심이 생기면서 '층간 소음 분쟁 제로' 아파트 단지가 되었다.

정부와 지방 자치 단체도 '마을 공동체' 추진에 팔을 걷고 나서고 있다. 벽화 마을로 유명한 부산 감천 문화 마을은 마을 공동체를 조직해 마을 카페 운영, 마을 신문 만들기, 주민 합창단 정기 공연, 마을 주택 개량 사업 등을 하고 있다. 2015년 현재 지방 자치 단체의 지원을 받은 법인 공동체 마을은 전국에 8184개나 있다고 한다.

마을 공동체에는 품앗이, 두레 같은 우리의 오랜 공동체 문화가 반영되어 있다. 품앗이는 모내기처럼 일손이 필요할 때 빌려주고, 일손이 모자랄 때 돌려받는 일대일의 노동 교환 방식이다. 두레는 품앗이보다 규모가 큰 고기잡이, 제방 쌓기 등 마을 일을 공동으로 하기 위한 조직이다. 옛날에도 마을 사람들 사이에 갈등이 있고 소외되는 사람도 있었을 것이다. 그러나 같이 일하면서 정이 쌓이고, 아픔과 미움 대신 이해와 용서가 오갔다. 내가 누구의 일을 도와주면 다음에 그가 내 일을 도와준다는 믿음과 마음의 여유가 있었다.

『논어』에 "덕이 있는 사람은 외롭지 않으며 반드시 이웃이 있다."라는 말이 나온다. 한정된 공간에서 많은 사람들이 살아가는 오늘날에는 예전과 똑같은 공동체 정신을 바랄 수는 없지만, 조금이라도 타인에게 양보하고 배려하는 마음을 길러야 할 것이다.

# 40.
# 산업화, 도시화로 인한
# 생태 환경의 악화는 어떻게 해결할까?

빗물에 잠긴 서울 도심의 도로

이따금 도시에 출몰하는 멧돼지에 대한 뉴스를 듣게 된다. 도시화로 숲의 면적이 줄어들면서 야생 동물의 생활 터전이 파괴되었기 때문인데, 이는 인간에게도 악영향을 끼친다.

대표적인 예가 도시 홍수이다. 흙은 빗물을 흡수해 저장하지만 콘크리트와 아스팔트는 빗물을 흡수하지 못한다. 따라서 도시에서는 비가 오면 지표로 흡수되지 못한 물이 대부분 하천으로 흘러들어 수위가 급격히 높아지면서 홍수의 위험이 커진다. 특히 하천 주변에 인공 제방을 쌓고 하천의 유로를 직선 형태로 만드는 직강화 공사를 하고부터 홍수 피해가 더욱 커졌다고 한다.

도시에서는 열섬 현상도 나타난다. 도시는 건물마다 설치된 냉난방 시설과 자동차 등에서 많은 인공 열이 발생한다. 이 때문에 도시는 마치 바다에 떠 있는 섬처럼 주변 지역보다 기온이 높다고 해서 '열섬 현상'이라

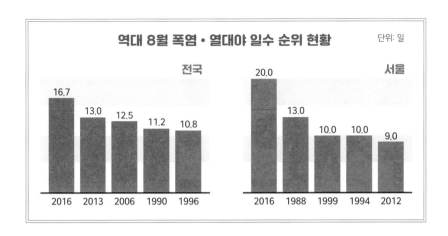

역대 8월 폭염·열대야 일수 순위 현황 단위: 일

전국
16.7 — 2016
13.0 — 2013
12.5 — 2006
11.2 — 1990
10.8 — 1996

서울
20.0 — 2016
13.0 — 1988
10.0 — 1999
10.0 — 1994
9.0 — 2012

고 한다. 폭염으로 인한 사망자만 17명이나 됐던 2016년, 서울에서 최고 기온이 33℃ 이상인 폭염이 24일간, 최저 기온이 25℃ 이상인 열대야가 32일간이나 나타났다. 남부 지방도 아닌 중부 지방에 속한 서울이 유독 더웠던 이유는 열섬 현상 때문이었다.

열섬 현상을 비롯해 도시의 생태 환경 악화를 해결하기 위한 노력이 전 세계적으로 이루어지고 있다. 예를 들어 독일의 슈투트가르트는 자동차 회사인 메르세데스 벤츠와 크라이슬러, 건설 공구 회사인 보슈가 있는 대표적인 공업 도시인데, 열섬 현상을 해결하려고 1970년대부터 도시에 바람길을 만들었다. 도심에 가까운 구릉지에는 신규 건축을 금지하고, 도시 중심부의 바람이 지나는 부분에는 건축물의 높이를 5층으로 제한했다. 또한 나무를 촘촘하게 심어 깨끗하고 시원한 공기가 머무를 수 있는 '공기 댐'을 만들었다. 공기 흐름이 원활해지자 폭염 문제도 많이 좋아졌다.

이처럼 도시의 생태 환경 문제를 해결하려면 환경과 조화를 이루는 도시 계획을 세우고, 공원이나 생태 하천 등 녹지 공간을 늘리는 등 사회적

도시숲의 효과

3~7℃
여름 한낮 온도 하락

CO₂ 2.5t ↘ 1.8t O₂
대기정화, 정서안정

75% 감소
자동차 소음 감소

인 노력이 필요하다.

또한 그와 더불어 개인의 노력도 필요하다. 지금 여러 도시에서는 주택이나 학교, 회사 등의 실내 공간, 옥상, 발코니 등을 활용해 농작물을 기르는 도시 농업이 이루어지고 있다. 도시 농업은 산업화를 먼저 경험한 선진국에서 활발하다. 미국 뉴욕에는 옥상에 텃밭을 둔 빌딩만 600개가 넘고, 일본에는 시민 농원이 3000여 개 조성되어 있다. 우리나라에서도 최근 도시 농업이 활기를 띠고 있다. 우리나라 도시 농업 참여자 수는 2010년 약 15만 명에서 2015년 약 130만 명으로 늘어났으며, 도시 텃밭 면적은 2015년 현재 850헥타르이다.

도시 농업은 도시 내 녹지 공간을 늘려 공기를 맑게 하고, 열섬 현상을 완화하며, 빗물의 흡수와 순환을 돕는다. 옥상에 정원이나 텃밭을 만들면 냉난방비를 약 16퍼센트 절약할 수 있다고 한다. 도시 농업을 하면 가족이나 이웃과 함께 농사일을 하면서 인간관계가 돈독해지는 효과도 있다. 이 밖에 자전거 타기, 대중교통 이용하기 등은 도시의 생태 환경을 개선하는 데 큰 도움이 될 것이다.

# 41.
# 교통수단은 어떻게 발달했을까?
– 교통 발달의 역사

시대에 따라 사람이나 물자의 이동 수단이 크게 바뀌면서 오늘에 이르렀다. 인류는 걷는 것이 유일한 이동 방법이었던 시기를 지나 가축을 기르면서부터는 소, 낙타, 말 등을 이용해 이동했다. 수메르인들이 바퀴를 발명한 뒤로는 바퀴를 단 마차가 말과 함께 주요 교통수단으로 쓰였다.

그러다 산업 혁명과 함께 등장한 증기 기관은 육상 교통수단을 획기적으로 바꾸었다. 1825년 조지 스티븐슨이 제작한 '로코모션호'가 승객 600명을 태우고 영국의 스톡턴에서 달링턴까지 달림으로써 철도 수송 시대를 열었다. 그리고 프랑스의 루돌프 디젤은 디젤 기관을 발명했으며, 그 뒤 이를 적용한 디젤 기관차가 등장했다. 석유를 이용하는 디젤 기관은 연료 탱크를 한 번만 채워도 장거리를 달릴 수 있어 연료비가 적게 들었다. 그리하여 증기 기관차가 다니던 철로를 디젤 기관차가 달리게 되었다. 지금은 우리나라를 비롯해 일본·프랑스·독일·중국 등에서 시속 300킬로미터 이상으로 달리는 고속 철도가 운행되고 있다.

기차와 함께 대표적인 육상 교통수단으로는 자동차를 들 수 있다. 인류 최초의 자동차는 1769년 프랑스의 퀴뇨가 만들었는데, 속도는 시속 5킬로미터에 불과했다. 자동차가 실용화된 것은 1831년 월터 핸콕이 만든 증

윌리엄 터너, 〈전함 테메레르〉 1838

기 자동차(버스)가 런던 근교를 정기적으로 운행한 때부터이다. 초기의 자동차는 편리하고 빠르긴 했지만 수제품이라 가격이 비싸 대중화하지 못했다. 자동차의 대중화에 공헌한 사람은 20세기 초 미국의 헨리 포드이다. 포드는 작업대가 자동으로 움직이는 컨베이어 시스템을 자동차 생산에 도입했다. 그 결과 1914년부터 자동차의 대량 생산이 가능해짐으로써 자동차는 대중화할 수 있었다.

해상 교통수단은 어떻게 발전했을까? 나무를 엮어 만든 뗏목은 육지에서 가까운 바다로만 다닐 수 있었지만, 바람의 힘을 이용하는 범선이 등장하면서 먼 바다까지 나갈 수 있었다. 그런데 범선은 바람이 불지 않으면 속도가 나지 않는 단점이 있었다. 산업 혁명은 해상 교통에도 큰 변화를 가져왔다. 보일러에서 나오는 증기의 힘으로 운항하는 증기선은 풍향이나 풍속과 상관없이 운항할 수 있었다. 이 때문에 범선은 거의 자취를 감추었는데, 터너의 그림 〈전함 테메레르〉에는 1805년 트라팔가르 해전에서 영국의 승리와 프랑스 나폴레옹의 몰락을 가져온 범선 '테메레르'가 해체되어 증기선에 힘없이 끌려가는 역사적인 장면이 담겨 있다. 오늘날에는 증기선을 대체하여 디젤 기관을 사용하는 배가 바다 곳곳을 누비고 있다. 어떤 배는 원자력을 동력으로 이용하기도 한다. 대량 운반이 가능한 대규모 선박의 발달로 세계 무역이 크게 확대되었다.

하늘을 나는 것은 인류의 오랜 꿈이었다. 1782년 프랑스의 몽골피에 형제가 더운 공기의 상승 원리를 이용해 열기구를 만든 뒤, 프랑스의 물리학자 샤를이 수소 가스를 이용한 열기구를 하늘에 띄우는 데 성공했다. 그런데 열기구는 바람이 불면 방향을 조정하기 힘들었다. 이를 보완해 1852년 앙리 지파르가 물고기 모양의 기구에 증기 기관으로 프로펠러를 돌려 움직이는 비행선을 만들었다. 이때 속도는 겨우 시속 10킬로미터였다. 그 뒤 여러 나라에서 비행기 개발에 착수했으며, 1903년 미국의 라이트 형제가 최초의 동력 비행기를 제작하는 데 성

몽골피에 형제가 만든 열기구

공했다. 이후 비행기의 엔진 성능은 날로 향상되고 더 가볍고 강한 금속 몸체가 개발되었다. 지금은 프로펠러 대신에 제트 엔진을 장착한 비행기들이 하늘을 날고 있다. 비행기는 현재 지구상에서 가장 빠른 이동 수단으로, 미국 뉴욕에서 영국 런던까지 약 5600킬로미터를 이동하는 데 6시간이면 충분하다. 비행기의 크기도 점점 커져서, 유럽의 항공기 회사들이 분업하여 만든 에어버스 A380 기종은 동체 길이가 약 70미터, 높이는 약 24미터나 된다.

21세기에 들어서서도 새로운 개념의 교통수단이 속속 등장하고 있다. 드론을 이용한 택배 운송이 시험 중이며, 자율 주행 자동차와 플라잉 카가 개발되고 있다. 교통수단의 발달로 세상은 또 어떤 변화를 맞이하게 될까?

# 42.
# 교통의 발달에 따라 생활 공간에는 어떤 변화가 나타날까?

교통수단의 발달로 사람들이 공간을 인식하는 범위가 넓어졌으며 생활 공간 또한 크게 확대되었다. 예를 들면 우리나라에서는 2004년 고속 철도(KTX)가 개통되어 서울에서 대전까지 2시간 걸리던 것이 40분으로, 서울에서 부산까지 약 5시간 걸리던 것이 2시간 30분으로 단축되었다.

이동 시간이 획기적으로 단축되면서 서울과의 접근성이 높아져 충청남도나 강원도 같은 먼 지역에서 서울로 출퇴근하는 사람들이 늘고, 대구나 부산에서 열리는 국제회의도 늘어났다. 전국이 그야말로 일일생활권이 된 것이다. 또 예전에는 서울에서 여수까지 자동차로 6~7시간이 걸렸는데, 2015년 호남고속철도가 복선화되면서 용산역에서 여수엑스포역까지 3시간이면 갈 수 있다. 여수를 찾는 관광객은 2014년 992만 명이었지만 2015년 1356만 명으로 크게 늘었고 여수의 상권이 되살아나는 등 지역 경제가 활성화하고 있다.

한편, 교통의 발달로 지역 간 격차가 커지는 현상도 나타나고 있다. 새로운 교통로가 건설되면서 인구와 기능이 다른 지역으로 빠져나간 지역이나 교통이 불편한 지역에서는 경제가 침체하거나 쇠퇴하는 빨대 효과가 나타나기도 한다.

교통량이 줄어든 인제군

2017년 서울-양양 고속도로가 개통되어 강원도 양양, 속초, 강릉으로 이동하는 시간이 단축되면서 이들 지역을 찾는 관광객이 늘어났다. 특히 양양 나들목 출구의 교통량은 두 배 이상 늘었다. 반면 서울에서 속초나 강릉으로 갈 때 이용하던 44번 국도의 통행량은 크게 줄었다. 이에 따라 44번 국도 변에 있는 식당, 농산물 판매장, 황태 덕장 등의 상권이 타격을 입었다.

교통 시설도 생활 공간에 큰 영향을 준다. 각종 부동산 광고에서는 '역세권'이라는 말을 심심찮게 볼 수 있다. 역 주변은 유동 인구가 많고 접근하기 편리해 다양한 상업 활동과 업무 활동에 유리한데 이러한 역 주변 지역을 역세권이라고 한다. 옛날에는 철도역이 열차를 기다리며 잠시 스쳐 가는 곳이었지만, 오늘날에는 교통의 중심지일 뿐만 아니라 산업과 상

● **빨대 효과:** 빨대로 컵의 음료를 빨아들이듯이 교통이 발달하면서 대도시가 주변 중소 도시의 인구나 기능을 흡수하는 현상을 말한다.

업, 문화와 정보가 집중해 있는 곳으로 영향력을 넓혀 가고 있다.

프랑스 북부에 있는 릴은 석탄 산업과 철강업이 발달한 도시였는데, 1970년대에 들어 광업이 경쟁력을 잃어 가자 쇠퇴하기 시작했다. 릴에 위치한 공장에는 낮은 임금으로 고용할 수 있는 외국인 노동자가 늘었고, 그에 따라 외국인 노동자의 거주지가 형성되면서 주민들 사이에 갈등이 불거지기도 했다.

릴은 도시 침체 문제를 해결하기 위해 나섰다. 영국, 프랑스, 벨기에의 중간에 위치한 지리적인 이점을 살려 '세 나라를 연결하는 허브 역이 된다.'는 전략에 따라 새 역을 건설했다. 릴에 들어선 새로운 철도역 '유라릴'(Eurarill)은 세 나라를 연결하는 환승지이자 다양한 문화 공간을 경험할 수 있는 곳이다. 현재 릴은 해마다 100만 명 이상의 외국인 관광객이 찾는 프랑스의 4대 도시로 발전했다.

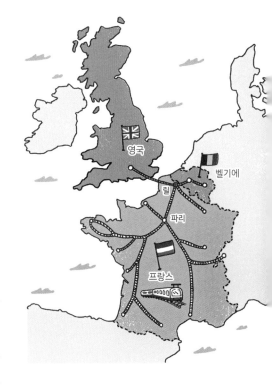

## 43.
## 교통의 발달에 따라 생활 양식은 어떻게 달라졌을까?

산업 혁명 당시, 영국 노동자들은 으깬 감자를 넣은 밀가루죽이나 삶은 감자를 주로 먹었다. 그러나 철도가 개통되어 바다에서 잡은 물고기를 상하기 전에 내륙으로 수송할 수 있게 되면서 생선이 식탁 위에 올랐다. 전 세계적으로 알려진 '피시 앤드 칩스'는 감자튀김에 튀긴 생선을 곁들인 음식으로 이때 개발된 메뉴라고 한다.

오늘날에는 미국산 체리, 노르웨이산 고등어 등 세계 각지에서 온 다양한 먹거리가 우리 식탁에 오르고 있다. 이처럼 지역 간 유통이 활발해지면서 기업은 생산비를 절감하고 소비자는 더 싼 가격에 물건을 구입할 수 있게 되었다. 한 예로, 2012년 필리핀의 바나나 농장이 태풍으로 큰 피해를 보면서 바나나 값이 크게 올랐다. 그러자 우리나라 기업들은 아프리카의 모잠비크와 라틴 아메리카의 에콰도르에서 바나나를 수입했다. 필리핀보다 먼 지역들이지만 운송비 부담이 크지 않기 때문에 가능한 일이었다.

교통 발달에 따른 또 하나의 뚜렷한 변화는 여행객의 증가와 관광 산업의 발달이다. 교통이 발달하기 전 여행은 극소수 사람들만 누릴 수 있는 특권이었다. 예를 들어 17세기 중반부터 19세기 초반에 걸쳐 유럽에서는 상류층 자제들이 유럽 각지를 여행하는 '그랜드 투어'가 유행했다. 그랜드 투어는 약 2년 동안 고대 그리스-로마의 유적지와 르네상스를 꽃피운 이탈리아, 세련된 예법의 도시 파리 등지를 여행하며 세상을 배우는 것이었다. 전용 마차에 승마·펜싱·춤 등을 가르치는 가정 교사와 짐을 나르는 하인, 통역을 담당하는 사람이 함께 탔다. 교통수단이 여의치 않던 시절이라 막대한 비용이 들어갈 수밖에 없었다. 그래서 이 여행은 교육적인 목적보다는 상류층이 부를 과시하는 수단이 되기도 했다.

그러다 19세기 중반 철도 여행이 대중화하면서 좀 더 안전하고 빠르게, 더 저렴한 비용으로 여행을 할 수 있게 되었다. 많은 사람들을 태울 수 있는 기차는 상류층뿐만 아니라 각계각층의 사람들이 이용했다. 기차와 함께 자동차가 대중에게 보급되면서 국내 여행이 활성화됐으며, 항공 교통의 발달로 해외여행도 확대되었다. 최근에는 통신 기술이 발달하면서 여행의 유형도 변하고 있다. 여행사를 통해 항공권과 숙소를 예약하고 가이드를 따라다니는 여행에서 벗어나 스스로 정보를 찾아 여행을 준비하는

베르사유 궁전은 그랜드 투어의 필수 코스였다.

여행이 확대된 오늘날 베르사유 궁전은 수많은 여행객들로 북적거린다.

'TIY'(travel it yourself)가 늘고 있다. 이는 인터넷이나 앱에서 여러 항공편을 쉽게 검색할 수 있고, 여행지에 도착해서도 스마트폰으로 유명 관광지나 숙소, 맛집을 찾아볼 수 있기 때문이다.

## 교통 발달이 가져온 정보의 확대

증기 기관의 발명으로 철도 교통이 발달했으며, 철도 교통은 정보의 빠른 확산을 가져왔다. '타임스'는 증기를 이용한 대량 인쇄 시설을 도입함으로써 신문의 시대를 열었다. 그렇지만 신문의 시대를 이야기할 때는 철도의 역할을 빼놓을 수 없다. 하룻밤 사이에 4000부 이상 찍을 수 있는 인쇄기를 여러 대 갖고 있던 타임스의 인쇄소는 철도 운행 시각에 맞춰 지방으로 배달할 신문을 만들어 냈다. 신문은 철도를 타고 뉴스를 전달했으며, 사람들은 어젯밤에 300킬로미터나 떨어진 글래스고 또는 맨체스터에서 무슨 일이 있었는지 바로 알게 되었다.

인쇄 기술과 철도의 만남은 독서에도 영향을 주었다. 마차 여행에서는 독서를 할수 없었지만 철도 여행에서는 가능했기 때문이다. 1849년 패딩턴 역에는 1000권이 넘는 책을 갖춘 서점이 운영되었다. 열차에서 책을 쉽게 읽을 수 있도록 책의 디자인도 바뀌었다. 양장 표지의 대형 판형 책들을 읽기는 힘들었다. 대신 문고판이 등장한 것이다. 얇은 표지와 작아진 판형은 철도 여행자에게 전혀 부담을 주지 않았고, 제작비도 많이 들지 않아 출판사들도 만족스러웠다. 열차 안에서의 독서는 1등실, 2등실 등 계급 칸막이를 뛰어넘어 근대의 새로운 주인이 된 여행자들의 몫으로 확장되었다.

-『달리는 기차에서 본 세계』에서 발췌

# 44.
# 교통 발달에 따른 문제를
# 해결할 방법은 무엇일까?

교통의 발달로 생활은 편리해졌지만 동시에 부정적인 영향도 나타났다. 자동차, 기차, 선박 등에서 배출하는 오염 물질이 늘어나면서 대기·토양·해양 오염이 심해지고 있다. 자동차 배기가스는 각종 질병을 일으키는 물질을 함유하며, 지구 온난화를 유발하는 온실가스의 약 15퍼센트 정도를 차지한다. 고속도로, 고속 철도, 공항 주변에 사는 사람들은 소음과 분진 때문에 시달리고 있다.

세계 각지를 오가는 선박에 의해 외래종이 흘러들어 생태계가 교란되는 것도 심각한 문제이다. 항구에 배가 들어오면 선체에서 많은 물을 빼내

는 것을 볼 수 있다. 배의 무게 중심을 유지하기 위해 바닷물을 채워 넣었다가 빼내는데, 이를 선박 평형수라고 한다. 그런데 평형수와 함께 들어온 해양 생물들이 다른 바다에서 배출되어 생태계를 교란하는 것이다. 예를 들어 선박 평형수로 흘러든 검은 줄무늬 홍합이 오스트레일리아 북부 다윈 지역에 대량으로 번식하면서 그곳의 진주조개 양식장이 황폐해진 일이 있었다. 1950년대에 우리나라에서도 남해안 일대에 지중해 홍합이 흘러들어 토종 홍합의 서식지를 점령한 적이 있었다.

최근에는 생태계 교란 문제를 해결하기 위해 국제적인 노력을 펼치고 있는데, 2017년 발효된 선박 평형수 관리 협약에 따라 선박들은 평형수 처리 설비를 의무적으로 갖춰야 하며 평형수 내의 모든 생물을 제거해야 한다.

교통 발달로 인한 피해는 도로 곳곳에 설치된 '야생 동물 주의' 표지판에서도 확인할 수 있다. 많은 야생 동물이 도로에서 자동차에 치여 목숨을 잃는데, 이를 '로드 킬'(road kill)이라고 한다. 2012~2016년 우리나라 고속도로의 로드킬은 1만 1379건이나 된다. 산토끼, 두꺼비, 고라니 등 수많은 동물이 도로 위에서 목숨을 잃고 있는데, 차량으로 뛰어드는 동물을 피하려다가 이차적으로 교통사고가 나기도 한다.

교통이 발달하면서 야기되는 더욱 심각한 문제는 전염병의 확산이다. 2015년, 서남아시아에서 낙타에 의해 발생하는 전염병인 메르스(중동 호흡기 증후군)가 우리나라에서 순식간에 확산되었다. 이 밖에도 중증 급성호흡기 증후군(SARS), 조류 인플루엔자, 에볼라 등의 전염 속도가 빨라진 것은 교통의 발달로 이동 시간이 단축되고 사람들의 이동량이 많아졌기 때문이다. 교통이 발달하면서 전염병의 국경이 사라진 것이다.

그러면 교통 발달에 따른 문제점들을 어떻게 해결할 수 있을까? 배기가스로 인한 대기 오염을 줄이려면 먼저 자가용 운행 등을 자제하고 자전거나 대중교통을 이용하게끔 유도해야 한다. 각 지방 자치 단체에서는 자전거 도로를 늘리고 공용 자전거 제도를 도입하는 등 자전거 이용을 장려하는 정책을 펴고 있다. 정부는 2011년부터 대중교통 이용을 장려하기 위해 매달 넷째 주 수요일을 대중교통의 날로 지정했으며, 도로변에 방음벽을 설치하고 야간의 특정 시간에 항공기 운항을 제한하는 등 소음 문제에도 대처하고 있다.

생태 통로. 서울 은평구에 설치된 이 생태 통로는 북한산과 백련산을 연결한다.

143

또 도로에 '야생 동물 주의' 표지판을 설치하는 한편 야생 동물들이 이동할 수 있게끔 다리나 터널 같은 생태 통로를 늘리고 있는데, 이는 생태계가 유지될 수 있게 하는 최소한의 조치이다.

기업에서는 환경 오염을 유발하는 디젤 자동차를 대신해 기존 엔진과 전기 모터를 조합해서 만든 하이브리드카, 전기차, 수소차 같은 친환경 자동차 개발에 많은 연구비를 투자하고 있다.

교통 발달에 따른 피해를 줄이기 위해서는 국가와 지방 자치 단체, 기업의 노력도 필요하지만 개개인의 의식 변화와 실천 또한 중요하다. 특정 요일에 차량을 이용하지 않는 승용차 요일제 참여하기, 가까운 거리는 버스나 지하철을 타거나 걸어서 이동하기 등은 개인이 일상생활에서 실천할 수 있는 일이다.

# 45.
# 통신 수단과 정보 기술의 발달에 따라
# 사회는 어떻게 바뀌었을까?

전화는 음성을 전기 신호로 바꾸어 먼 곳에 있는 사람과도 대화할 수 있게 하는 기기이다. 미국의 모스는 전기를 이용하여 신호를 보낼 수 있는 전신기를, 이탈리아의 마르코니는 선을 설치하지 않고도 통신할 수 있는 무선 전신기를, 미국의 벨은 전화기를 발명했다.

우리나라에서는 1896년 덕수궁에 처음으로 전화가 설치되었다. 당시에는 전화기를 영어 '텔레폰'을 소리 나는 대로 한자로 옮긴 '다리풍'으로 불렀다. 처음에는 전화 교환원이 연결해 주어야 통화할 수 있는 방식이었으며, 1971년에 교환원 없이 직업 전화 다이얼을 돌려 통화할 수 있는 장거리 자동 전화가 개통되었다.

1990년대 중반에는 전화선이

1892년 뉴욕에서 시카고로 전화하는 벨

가정, 직장, 공중전화 등으로 방방곡곡을 연결했다. 그렇지만 전화선에 의존했기 때문에 전화기 옆에 사람이 없을 때는 당연히 통화할 수가 없었다. 당시를 배경으로 한 드라마에서는 전화가 잘 연결되지 않아 만남이 어긋나는 장면이 곧잘 나오곤 했다. 예를 들면 첫눈이 내리는 날 주인공이 연인에게 전화를 건다. 그러나 그는 상대방을 찾으러 나가 연결이 되지 않는다. 이렇게 휴대 전화가 보급되기 전에는 애타는 기다림과 엇갈림이 있었다.

1982년 우리나라에 처음 보급되어 1990년대 초·중반에 널리 사용된 이동 통신 기기, 일명 '삐삐'라는 무선 호출기의 등장은 기다림의 시간을 크게 줄여 주었다. 삐삐는 연락을 원하는 사람의 전화번호가 화면에 표시되는 기기였다. 삐삐를 사용하던 시절에는 요즘에 쓰는 다양한 이모티콘 대신에 '8282'(빨리빨리), '1004'(천사)처럼 숫자로 자신의 마음을 표현하기도 했다.

삐삐. 통화를 원하는 사람이 전화번호를 남겨 상대방을 호출하는 기기이다.

우리나라의 첫 휴대 전화는 1984년에 선보였다. 이때는 차량에 장착하는 이동 전화였다. 이 이동 전화의 가격은 단말기 값을 포함해 400만 원 정도였는데, 그 무렵 우리나라 소형 자동차 한 대 가격이 500만 원 정도였던 것을 감안하면 엄청나게 비쌌던 셈이다. 그 뒤 1988년 서울 올림픽을 앞두고 휴대용 이동 전화 서비스가 실시되었다. 이때부터 점차 휴대 전화의 대중화가 이루어져 2015년 현재 우리나라의 휴대 전화 보급률은 80퍼센트를 넘어섰다.

전화와 함께 대표적인 정보·통신 기기인 컴퓨터는 1946년 미국에서 최초로 발명되었다. 에니악이라는 최초의 컴퓨터는 큰 교실을 꽉 채울 만큼 컸고 무게는 약 30톤이나 되었다. 초기의 컴퓨터는 군사용으로 사용했으며 상업적으로는 사용하지 않았다. 그러다 1950년대부터 컴퓨터를 민간인에게 보급했으며, 지금은 PC, 즉 개인용 컴퓨터가 널리 사용되고 있다.

컴퓨터 성능이 향상되자 컴퓨터끼리 연결해 정보를 주고받는 '네트워크'를 구상하기에 이르렀다. 초기의 네트워크는 미국 국방성에서 연구용으로만 쓰였지만 시간이 지나면서 다양한 목적으로 쓰고자 하는 요구가 커졌고, 1991년에 드디어 세계 최초의 홈페이지가 만들어져 온라인상에 또 하나의 세상을 펼쳐 놓게 되었다.

우리나라에서는 1994년에 처음으로 한국통신에서 월드 와이드 웹(WWW) 기반의 인터넷 서비스를 시작했다. 1990년대까지는 대부분의 사용자들이 느린 전화선을 통해 인터넷에 접속하는 방법으로 컴퓨터를 이용했다. 하지만 PC 통신을 하는 동안은 집 전화를 사용할 수 없었고, 많이 쓰면 몇십만 원이 넘는 통신 요금이 나오기도 해 문제가 되었다. 그 뒤 1998년에 케이블 TV망을 사용한 초고속 인터넷 서비스가 시작되면서 인터넷 속도가 비약적으로 향상되었다. 그리고 전국적으로 개인용 컴퓨터가 활발히 보급되어 2000년대에는 약 1900만 명이 인터넷을 이용하게 되었다.

산업 혁명으로 등장한 산업 사회는 정보·통신 기술의 발달과 함께 정보 사회로 대체되었다. 정보 사회란 정보·통신 기술의 발달로 생활에서 정보가 핵심 역할을 하는 사회이다. 산업 사회 이전에는 토지와 노동력이, 산업 사회에서는 자본과 노동력이 중요한 생산 요소였지만, 정보 사회에서는 지식과 정보가 가장 중요한 생산 요소이다.

무엇보다 정보화는 지리 정보 시스템(GIS)과 위치 정보 시스템(GPS) 같은 공간 정보 기술의 발전이 있었기에 가능했다. 지리 정보 시스템은 공간 정보 자료를 수치화하여 컴퓨터에 입력·저장하고 이를 사용자의 요구에 따라 가공해서 각종 분야에 활용할 수 있는 시스템이다. 위치 정보 시스템은 인공위성이 정해진 지구 궤도를 돌며 보내는 신호를 받아서 사람과 사물의 위치를 파악하는 정보 기술이다. 내비게이션이라고 불리는 차량 항법 시스템이나 휴대 전화의 인터넷 지도 서비스, 지도 애플리케이션 등에 쓰이고 있다.

또한 오늘날에는 인터넷, 휴대 전화, 인공위성 등을 이용해 많은 정보를 수집하고 활용하게 되었는데 그 예가 빅 데이터이다. 빅 데이터란 디지털 환경에서 만들어지는 방대한 규모의 데이터로, 문자뿐 아니라 비정형적인 영상 데이터까지 포함한다. 국내의 한 음원 사이트에서는 10년 동안 사이트를 이용한 2400만 명의 선호도 등 빅 데이터를 분석해 개인이 좋아하는 음악을 추천하는 서비스를 제공한다. 이처럼 정보화는 생활 공간과 생활 양식에 큰 변화를 가져오고 있다.

# 46.
## 정보화에 따라 생활 공간에는
## 어떤 변화가 일어날까?

'사이버 공간'이라는 말은 윌리엄 깁슨이 쓴 과학 소설 『뉴로맨서』 (1984)에서 처음 등장했다. 소설에서 주인공 케이스는 '심스팀'이라는 기구를 통해 자유자재로 사이버 공간을 드나든다. 심스팀은 인간의 두뇌와 컴퓨터를 전자 장치로 연결하는 기계이다. 소설 속 상상에 그쳤던 가상 공간인 인터넷이 이제는 우리의 중요한 생활 공간으로 자리 잡았다.

아침에 일어나 휴대 전화로 날씨를 확인하고, 직장이나 학교로 가면서 뉴스를 보고, 친구와 통화하거나 문자 메시지를 주고받는다. 또 사회 관계망 서비스(SNS: Social Networking Service)를 통해 모르는 사람들과 사귀고 관계를 유지하며 정보를 주고받는다. 이제 사이버 공간은 대부분의 사람들이 날마다 접하는 일상적인 공간이 되었다.

정보화는 생활 공간의 편리함을 가져왔다. 서울시는 2013년부터 이동통신 통화량과 유동 인구 데이터를 수집한 빅 데이터를 이용해 심야 유동 인구가 많은 곳에 '올빼미 버스'를 운행하고 있다. 자정 이후로 버스와 지하철이 운행되지 않는 지역에 올빼미 버스를 운행함으로써 시민들의 불편이 줄었다. 서울시는 2017년부터 미세 먼지와 병원균 바이러스, 그리고 소음과 배기가스 배출 감시 등 여러 분야에 빅 데이터를 적용하고 있다.

스마트 기능을 갖춘 바르셀로나의 가로등과 쓰레기 양을 알 수 있는 센서가 달린 쓰레기통

이처럼 정보·통신 기술을 이용해 도시의 공공 기능을 네트워크화하여 각종 문제를 해결하는 도시를 스마트 시티(smart city)라고 한다. 에스파냐의 바르셀로나가 대표적인 사례이다. 이 도시의 쓰레기통에는 쓰레기가 얼마나 차 있는지 알려 주는 센서가 부착되어 있다. 그래서 수거 차량은 가득 찬 쓰레기통만 수거하여 시간과 비용을 절약할 수 있다. 또 바르셀로나 시내의 가로등은 태양열 발전으로 켜질 뿐 아니라 센서를 통해 공해를 측정하고 주변의 빈 주차 공간을 감지하여 주차 이용객에게 알려 주는 기능까지 갖추고 있다. 스마트 시티는 이처럼 사물 인터넷 기술의 발달을 토대로 한다. 사물 인터넷 기술이 발달하면서 집 밖에서도 에어컨을 작동하고 가

● **사물 인터넷** : Internet of Things(Iot). 인터넷을 기반으로 모든 사물을 연결하여 사물과 사물 간, 사람과 사물 간에 정보를 주고받는 기술 및 서비스이다.

스레인지를 끄는 등 생활이 더 편리하고 안전해지며 에너지도 절약할 수 있게 되었다.

도시뿐 아니라 농촌에서도 정보·통신 기술로 생활 공간이 변화하고 있다. 세종시의 어떤 농부는 토마토 농사를 짓지만 보통 농민과 달리 햇볕에 그을린 모습이 아니다. 농장에서 40분쯤 떨어진 시내 아파트에서 농장으로 출퇴근하며 농사를 짓는데, 농장에 가지 않고 집에서 스마트폰으로 일할 때도 있다. 비닐하우스 안의 보일러, 채광 상태, 작물의 성장까지 스마트폰으로 확인하고 관리할 수 있기 때문이다. 이처럼 농장을 원격으로 관리할 수 있게 되면서 여가 시간이 늘고, 마음 편히 해외여행을 다녀오기도 한다. 스마트 기기를 활용해 농사를 짓는 스마트 농업이 증가하면서 촌락에서도 변화가 일어나고 있다.

스마트 시티와 스마트 농업에서 보듯이 정보·통신 기기를 생활 공간에 잘 활용하려면 우리도 스마트해져야 하지만, 무엇보다 약자를 배려하는 등 윤리적인 측면을 놓치지 말아야 한다. 최근에는 각 지방 자치 단체마다 정보·통신 기술을 이용해 치매 노인의 위치를 알려 주거나 장애인이 집에서 편하게 생활할 수 있도록 돕고 있다. 정보·통신 기술이 장애인, 치매 노인, 독거노인처럼 사회에서 소외되거나 열악한 환경에 놓인 사람들을 위해 쓰인다면 우리 사회는 더욱 아름다워질 것이다.

스마트 농부. 언제 어디서나 스마트폰으로 농장을 관리할 수 있다.

## 47.
## 정보화에 따라 생활 양식은
## 어떻게 변화할까?

**해외 직접 구매**
**시장 규모**

(단위: 달러)

15억
5000만

10억
4000만

7억
700만

4억
7200만

2억
7400만

2010년  2011년  2012년  2013년  2014년

자료: 관세청

정보화는 우리의 생활 공간 뿐만 아니라 생활 양식에도 큰 변화를 가져왔다. 첫째, 경제 분야의 변화이다. 전자 상거래가 활성화하여 인터넷 쇼핑이나 홈 쇼핑으로 물건을 쉽게 구매할 수 있게 되었으며 해외 직접 구매(직구) 시장도 점차 넓어지고 있다. 간단하게 휴대 전화 버튼을 몇 번 누르면 원하는 물건이 집까지 배송되고, 이렇게 절약한 시간을 여가 생활이나 가사, 육아에 사용하고 있다. 업무상 필요한 소통을 통신 기기를 이용한 화상 회의 등으로 해결하는 원격 근무나 재택근무도 확대되고 있다. 노동 환경과 노동 시간에 큰 변화가 생긴 것이다. 특허청은 2005년부터 우리나라 정부 기관 최초로 재택근무를 도입했다. 최근에는 정부 기관뿐만 아니라 여러 기업이 재택근무를 확대하고 있다.

둘째, 사회·문화 분야의 변화이다. 환자가 직접 병원에 가지 않고도 인

터넷이나 화상 통화로 의사의 진료를 받을 수 있다. 학교에서는 전자 칠판이나 디지털 교과서를 이용해 수업을 하기도 하며, 대학교에서는 여러 정보 통신 기기를 활용해 다른 나라 대학생들과 실시간으로 토론을 벌이기도 한다. 또 스마트폰으로 영화, 텔레비전 프로그램, 신문, 책 등을 언제 어디서나 볼 수 있다.

최근에는 직접 제작한 동영상을 인터넷에 올리거나 인터넷을 통해 다양한 행사에 참여하는 사람들이 늘어나고 있다. 개인이 문화를 소비하는 데서 그치지 않고 문화를 생산하고 있는 것이다. 대표적인 사례로 플래시몹을 들 수 있다. 플래시몹은 불특정 다수의 사람들이 일시에 모여 똑같은 행동을 하다가 사라지는 퍼포먼스이다. 2012년 싸이의 〈강남 스타일〉이 인기를 끌었을 때 파리·로마 등 세계 곳곳에서 수많은 사람들이 싸이

---

● **플래시몹:** 특정 웹사이트의 접속자가 한꺼번에 늘어나는 현상을 뜻하는 플래시 크라우드(flash crowd)와 의견이 일치하는 군중을 뜻하는 스마트몹(smart mob)의 합성어이다.

의 춤을 따라 추었고, 그 모습을 담은 동영상을 인터넷에서 많은 사람들이 함께 보고 즐겼다.

다음으로 정치 분야에서도 의미 있는 변화가 나타나고 있다. 정보·통신의 발달에 힘입어 정치 참여가 활발해진 것이다. SNS나 가상 공간에서 다양한 계층의 사람들이 자신의 정치적 견해를 표현하거나 대안을 제시하고 토론에 참여할 수 있게 되었다. 전자 민주주의˙의 실현 가능성이 높아진 것이다. 시민들이 전자 투표, 청원이나 서명, 시민운동 등에 직접 참여하면서 대의 민주주의의 한계를 극복할 여지가 생긴 셈이다. 예전에는 국회 의원에게 의견을 전달하기가 어려웠지만 지금은 시민들이 홈페이지나 블로그를 통해 언제 어디서나 정치적 의견을 표현할 수 있다. 무엇보다 인터넷을 통해 전 세계인이 정치적 의견을 표현하면서 정책 결정에도 큰 영향을 준다. 이제 인터넷과 휴대 전화는 강력한 사회 운동을 촉발하는 계기와 환경을 마련하여 사회 변화를 이끌어 내고 있다.

● **전자 민주주의**: 정보·통신 기술을 토대로 하는 새로운 형태의 민주주의를 일컫는다.

# 48.
# 정보화로 일어나는 사회 문제를
# 어떻게 해결할까?

    정보화로 인해 일반 국민들도 정치에 적극 참여할 수 있게 되면서 여론을 조성하고 정책 결정에도 영향을 주고 있다. 그런데 수많은 정보의 홍수 속에서 가짜 뉴스와 같은 거짓 정보가 등장해 사회적으로 논란이 되고 있다. 가짜 뉴스는 누구나 접근할 수 있는 포털, SNS 등 다양한 디지털 미디어 플랫폼에 진짜 기사처럼 나타나 순식간에 확산된다. 예를 들면 〈전국 노래자랑〉을 오랫동안 진행해 온 방송인 송해 씨가 사망했다는 소식이라든가, 독일의 메르켈 총리가 히틀러의 딸이라는 기사 등 주로 자극적인 내용들이다.

    가짜 뉴스와 함께 늘어나는 각종 사이버 범죄도 정보화 사회의 어두운 면을 보여 준다. 사이트에 가입하기 위해 입력한 주민 등록 번호, 주소 같은 개인 정보가 유출되고, 이렇게 유출된 정보가 범죄에 이용되기도 한다. 문자 메시지로 사람들을 속여 금융 정보를 빼내는 스미싱˚은 대표적인 사이버 범죄이다.

    정보·통신 기술이 빠르게 발달하는 동안 사이버 범죄도 진화하고 있다.

---

˚ 스미싱: 휴대 전화 문자 메시지(SMS)와 피싱(phishing, 금융 기관이나 전자 상거래업체를 사칭해 금융 정보를 빼내는 일)을 합성한 용어이다.

2017년 랜섬웨어 ●의 공격을 받아 영국에서는 40여 개 병원이 환자 기록 파일을 열지 못해 진료나 수술에 큰 차질을 빚었으며, 일부 공장은 가동이 중단되기까지 했다. 랜섬웨어는 피해자의 컴퓨터에 침투해 중요 파일을 암호화하여 열지 못하게 만든 뒤, 요구한 돈을 피해자가 보내 주면 암호를 풀어 주는 악성 프로그램이다. 유럽 연합 경찰 기구인 유로폴에 따르면 랜섬웨어의 공격으로 피해를 본 사례가 전 세계 150개국에 걸쳐 20만 건이나 된다고 한다.

사회적·경제적·지역적·신체적 여건 때문에 정보 통신 서비스에 접근하거나 이용할 수 있는 기회 또는 능력에 차이가 생기는 정보 격차도 정보화 사회에서 해결해야 할 문제이다. 정보에 접근할 수 있는 기회는 일반 국민과 장애인, 저소득층, 농어민, 장노년층, 북한 이탈 주민, 결혼 이민자와 같은 소외 계층 간의 차이가 크지 않다. 그러나 정보를 활용할 수 있는 능력은 소외 계층이 일반 국민보다 훨씬 부족하다.

예를 들어 정보 통신 기기 활용이 익숙한 젊은이들은 은행에 가지 않고 스마트폰으로 업무를 해결하지만, 스마트폰 활용이 익숙지 않은 노인들은 직접 은행을 방문해 업무를 봐야 한다. 촌락에 거주하는 경우에는 은행이 있는 읍내까지 가야 하는데, 최근 은행들이 모바일 뱅킹을 확대하면서 지점 수를 줄이고 있어 노인들은 은행이 사라질까 봐 전전긍긍하고 있다. 또 평생 시외버스 터미널이나 기차역에서 직접 표를 사는 방법밖에 모르는 노인들은 모바일 실시간 예매 앱을 이용하는 젊은이들에게 밀려 연휴나 명절에 표를 구하지 못하는 일도 일어난다.

● 랜섬웨어: 시스템을 잠그거나 데이터를 암호화해 사용할 수 없도록 만든 뒤에 금전을 요구하는 악성 프로그램이다. 몸값을 뜻하는 랜섬(ransom)과 소프트웨어(software)의 합성어이다.

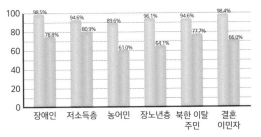

## 소외 계층의 정보 격차 지수
(한국정보화진흥원: 2016년)

■ 접근 지수
■ 활용 지수

| 계층 | 접근 지수 | 활용 지수 |
|---|---|---|
| 장애인 | 98.5% | 78.8% |
| 저소득층 | 94.6% | 80.9% |
| 농어민 | 89.6% | 61.0% |
| 장노년층 | 96.1% | 64.1% |
| 북한 이탈 주민 | 94.6% | 77.7% |
| 결혼 이민자 | 98.4% | 66.0% |

서울시 은평구의 노년층 스마트폰 활용 교육

이와 같은 여러 문제를 해결하기 위해 정부는 '국가 정보화 기본법'과 '개인 정보 보호법'에 따라 사이버 범죄에 대한 처벌 수위를 강화하고, 정보 격차를 해소하는 다양한 정책을 실시하고 있다. 장애인, 국가 유공자, 장애 법인, 아동 복지 시설에 대해 가입비를 면제하고 기본료와 통화료를 할인해 주고 있다. 그리고 통신 회사들도 독거노인 돌봄 서비스를 제공하는 지방 자치 단체나 복지 단체들의 기본요금을 낮춰 주고, 다문화 가정에 교육용 단말기를 무상으로 지원하고 있다.

그러나 정보 통신 기기의 보급과 서비스가 근본 대책은 될 수 없다. 앞서 언급했듯 정보 통신을 이용할 수 있는 능력이 더 중요하기 때문이다. 일부 공공 기관에서는 소외 계층의 정보화 능력 향상과 사회·경제적 참여를 위한 정보화 교육을 지원하고 있으며, 각 지방 자체 단체, 특히 노년층과 결혼 이민자가 많은 군 단위 지역에서도 다양한 무상 교육을 실시하고 있다.

# 49.
# 정보화에 따른 학교 안의 문제에는 어떤 것이 있을까?

2015년 영국의 경제 주간지 『이코노미스트』(*The Economist*)는 현생 인류의 학명인 호모 사피엔스에 빗대어 스마트폰에 중독된 세대를 '포노 사피엔스'(Phono sapiens)라고 표현하였다. 어릴 때부터 스마트폰을 사용해온 학생들의 중독 현상은 심각하다.

2016년 우리나라 정부가 전국의 초·중·고교생 146만여 명을 대상으로 조사한 결과, 스마트폰이 없으면 심각한 금단 증상을 보이는 '스마트폰 중독 위험군'이 약 10퍼센트나 되는 것으로 나타났다. 이런 문제 때문에 그동안 학생들에게서 스마트폰을 거두었다가 수업이 끝난 뒤에 돌려주는 학교들이 많았다. 그런데 2016년 국가 인권 위원회에서 "학생들의 스마트폰 사용 금지는 자율권 침해"라고 밝히면서 일부 학교에서는 스마트폰 회수를 중단했다. 그러나 아직도 많은 학교에서 학생들에게 스마트폰 사용을 허용할지 말지 고민하고 있다.

정보화에 따른 문제는 교실에서도 나타난다. 사이버 공간에서 특정인을 집요하게 괴롭히는 행동을 말하는 '사이버 불링'(cyber bullying)은 대표적인 학교 폭력이다. 〈우아한 거짓말〉은 학교 폭력으로 인한 자살을 다룬 영화로, 주인공이 '카따'(카카오톡 왕따)를 당하는 모습을 적나라하게 보여 준

영화 〈우아한 거짓말〉은 따돌림 문제를 조명하며 그 피해자와 주변 인물들의 시선을 섬세하게 그렸다.

다. 생일 파티에 한 시간 늦게 초대받은 주인공이 혼자서 초라하게 밥을 먹는다. 이 주인공을 제외한 학생들은 자기네들끼리 카카오톡 단체방에서 주인공의 모습을 비웃는다. 통신이 발달할수록 그것을 매개로 한 학교 폭력 피해가 늘어난다.

단체 채팅방에 피해 대상만 남겨 두고 나머지는 동시에 나가 버리는 '카톡 감옥', 채팅방에 피해 대상을 초대해서 단체로 욕설을 퍼붓는 '떼카', 피해 대상을 대화방으로 끊임없이 초대하는 '방폭' 등 다양한 괴롭힘이 가상공간에서 이루어지고 있다.

어릴 때부터 스마트폰과 컴퓨터에 중독된 청소년들은 어른이 된 후에도 사회생활을 하는 데 어려움을 겪는다. 인터넷이나 스마트폰으로 대화하는 방법에 익숙하기 때문에 다른 사람과 얼굴을 맞대고 의견과 감정을 주고받는 게 쉽지 않다. 심지어 각 대학교의 동아리들은 가입자가 없어 문을 닫아야 할 형편이라고 한다. 대학생들은 직접적인 인간관계보다 페이스북이나 카카오톡 단체방 같은 사이버 공간에서 수업과 관련된 정보를 얻거나 취미를 공유하는 경우가 더 많다.

학교를 비롯한 여러 사회단체와 정부에서는 인터넷 중독 예방·치료 프로그램과 사이버 폭력·범죄를 막기 위한 예방 교육을 실시하고 있다. 하지만 개개인 스스로 절제하는 습관을 길러야 한다. 하루 중 스마트폰이나

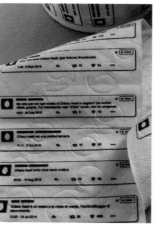

키아라 나스티와 두루마리 휴지

인터넷 사용하는 시간을 정하는 것도 한 방법이고, 의식적으로 게임 등 특정 서비스에 접속하지 않으려는 노력이 필요하다. 또 현실의 인간관계를 중시하고, 가족과 대화하듯 다른 사람과 직접 소통하고 공감하는 법을 배워야 한다.

이탈리아의 10대 모델인 키아라 나스티는 '옷 스타일이 천박하다.'는 비난부터 욕설까지 수많은 증오 메시지를 받아 왔다. 키아라는 이 증오 글을 모아서 두루마리 휴지에 인쇄하고 사진을 찍어 인스타그램에 올린 뒤, 이렇게 일침을 날렸다. "예의를 갖추고 스스로를 닦으세요."

키아라가 말한 대로 일상생활에서 지켜야 할 예절이 있듯이 사이버 공간에서도 타인에게 예의를 갖추어야 한다. 사이버 공간의 특성인 익명성은 사람들이 자신의 의견을 더 적극적이고 자유롭게 표현할 수 있게 해 주며, 다양한 사회 문제에 대해 폭넓게 의사소통할 수 있는 장을 마련해 준다. 그런데 바로 이 익명성 때문에 다른 사람을 속이거나 욕설을 하고 비방하는 표현이 거리낌 없이 표출되고 있다. 나를 볼 수 없을 거라는 생각에서, 또는 내가 쓴 것은 수많은 댓글 중 하나일 뿐이라는 단순한 생각에서 하는 행동들이다. 현실 세계에서 우리가 하고 싶은 대로 모든 것을 할 수 없듯이 사이버 공간에서도 마찬가지이다. 단체 대화방 또는 SNS에서 친구에게 글을 쓸 때는 더욱 신중한 태도가 필요하다.

## 50.
# 지역은 어떻게 변해 갈까? ①
– 당진군에서 당진시로

조선 후기 실학자 이중환이 쓴 지리서 『택리지』에는 "충청도에서는 내포가 가장 좋은 곳이다."라는 내용이 있다. 내포(內浦)는 포구의 안쪽이라는 뜻으로, 지금의 예산·당진·서산·홍성이 여기에 해당한다. 『택리지』에서는 내포가 땅이 기름지고 평평하며 생선과 소금이 풍부하여 부자가 많은 지역이라고 했다.

이 가운데 당진은 서해안에 위치하여 당나라로 통하는 항구라는 말이 있을 정도로 주변 지역과 교류가 활발했다고 한다. 그러나 2000년 이전에

당진으로 통하는 길목인 서해 대교

는 주민들 대부분이 농업과 어업에 종사하는 촌락이었다.

　그런데 2001년 서해안 고속도로가 개통되면서 당진은 수도권과 접근성이 크게 높아졌다. 그리고 평택·당진항이 건설되고 여러 철강 기업들이 들어서 '철강 도시'의 면모를 갖추어 나갔다. 지금은 당진에 있는 대형 철강업체만 해도 6개나 된다. 그리하여 우리나라 대부분의 중소 도시 인구가 정체하거나 줄어들었지만 당진은 일자리가 늘어나고 인구가 꾸준히 증가하였다. 군이었던 당진은 2012년 시로 승격했으며, 인구는 2016년에 17만 명을 넘어섰다. 당진이 시로 승격할 수 있었던 것은 교통의 발달과 산업화 때문인데, 이처럼 교통과 통신의 발달, 산업화는 한 지역의 성장과 쇠퇴에 큰 영향을 준다.

　스웨덴의 말뫼는 한때 세계적인 조선소가 있던 공업 도시였다. 그러나 1980년대 말부터 우리나라와 같은 신흥 공업국에서 조선업이 발달하면서 불황을 겪기 시작했다. 2002년 말뫼의 조선소에서 처분된 골리앗 크레인을 울산으로 옮길 때 말뫼 시민 수천 명이 부두에서 지켜봤으며, 스웨덴 국영 방송은 장송곡과 함께 "말뫼가 울었다."라고 보도했다. 골리앗 크레인은 수백 톤이 넘는 선박 구조물이나 블록을 들어서 옮기는 데 쓰는 장치이다. 말뫼는 무게가 자그만치 700톤이나 되는 골리앗 크레인을 단 1달러라는 헐값에 우리나라의 한 조선소에 팔았다.

　그때 말뫼가 흘렸던 눈물을 현재 우리나라의 거제·창원·통영 지역이 흘리고 있다. 세계적인 불황으로 조선업이 침체되자, 거제·창원·통영에 있는 작은 조선소들이 문을 닫고 지역 경제가 어려워지고 있다. 창원의 마산조선소는 문을 닫으면서 크레인을 루마니아의 조선업체에 팔았다. 통영의 조선업체들도 선박 주문이 들어오지 않아 문을 닫거나 가동을 멈춘 채

녹슨 크레인을 해체하고 있다.

　우리나라의 조선공업 도시들이 예전의 말뫼처럼 쇠락하는 이때, 말뫼는 새로운 도시로 거듭나고 있다. 말뫼는 버려진 조선소와 공장 부지에 IT와 지식 산업 기업을 유치하면서 '탄소 제로' 도시로 부활하고 있다. 태양열·풍력·지열 등 신·재생 에너지로 100퍼센트 자급자족하는 친환경 도시로 거듭났으며, 이를 보려고 찾아 오는 관광객이 늘고 있다. 조선공업의 몰락으로 한때 2만 8000여 개의 일자리가 사라졌지만 IT 산업에 투자하면서 2000년 이후 6만 3000여 개의 새로운 일자리가 생겨나는 등 말뫼의 경제가 되살아났다. 말뫼에는 9개의 큐브가 회전 상승하는 모양의 터닝 토르

말뫼 서쪽에 이 도시의 상징인 터닝 토르소가 우뚝 서 있다.

소 건물이 우뚝 솟아 있는데, 이 건물은 1986년에 문을 닫은 세계적인 조선업체 코쿰스의 대형 크레인이 해체된 후 말뫼를 상징하는 새로운 랜드마크가 되었다.

현재 거제와 통영에서는 말뫼의 도시 재생 사업을 벤치마킹하여 폐조선소 부지를 관광 자원으로 전환하는 방안을 추진하고 있다. 세계 1위의 조선업을 이끌었던 우리나라의 공업 도시들은 산업 구조의 변화에 따라 새로운 도시로 거듭나야 하는 현실에 직면해 있다. 급변하는 현대 사회에서 경쟁력을 갖춰야만 살아남을 수 있듯이 우리의 도시도 산업 구조의 급속한 변화에 발맞추어 나가야 살아남을 수 있게 되었다.

# 51.
# 지역은 어떻게 변해 갈까? ②
– 나주시와 함평군의 변화

산업화하기 이전까지만 해도 우리나라 인구 대부분은 평야가 발달하고 기후가 온화한 남서부 지역에 거주했다. 그러나 산업화가 진행되자 촌락의 많은 사람들이 일자리와 더 나은 생활환경을 찾아 도시로 이동했다. 특히 촌락은 청장년층이 도시로 떠나면서 인구가 줄어들어 노동력이 부족해지고 교육·의료 시설, 문화생활 여건 등도 더욱 나빠졌다.

전라남도의 나주는 예부터 호남의 중심지였다. 전주와 나주의 이름을 따서 전라도라는 명칭이 만들어진 것만 보아도 나주의 옛 위상을 알 수 있다. 나주시의 인구는 1960년대에 25만여 명이었으나 2013년에 8만 7000여 명으로 줄어들었다. 2005~2015년에는 빈집 수가 연평균 6퍼센트씩 크게 늘었다. 현재 우리나라 20곳의 지방 중소 도시에서 나주처럼 인구가 줄어들어 빈집이 많아지는 도시 축소 현상이 나타나고 있다.

이에 정부는 수도권과 비수도권의 격차, 도시와 촌락의 격차를 줄이기 위해 다양한 정책을 실시하고 있다. 수도권에 있는 공공 기관을 지방으로 이전하는 혁신 도시 조성이 대표적이다. 나주시에 혁신 도시가 조성되면서 인구가 늘어나 2017년을 기준으로 인구 10만 명을 넘어섰다.

나주시와 인접한 함평군에서도 지역 변화가 나타나고 있다. 함평군은

함평의 나비 축제는 대표적인 지역 축제로 자리 잡았다.

인구 대부분이 농업에 종사하는 촌락 지역이다. 함평군의 평(平)은 평야가 발달한 곳임을 말해 준다. 함평군은 이촌향도 현상 때문에 많은 인구가 빠져나가 현재 인구가 4만 명에도 미치지 못하지만 독특한 축제로 주목받고 있다. 해마다 봄에 열리는 '나비 축제'는 우리나라의 대표적인 지역 축제로 자리 잡았다. 2017년 함평 나비 축제에는 30만 명이 넘는 관람객이 찾았으며, 축제 입장료 수입이 약 9억 원, 군민들이 참여한 축제장 내의 농축산물 판매액은 11억 원에 달했다. 그럼에도 함평군의 인구는 여전히 줄어들고 있다. 각종 산업 시설과 생활 편의 시설이 부족하고 소득이 낮기 때문이다.

이렇게 축소 도시가 늘어나는 한편으로 촌락에서는 한계(限界) 마을이 늘어나고 있다. 한계 마을이란 전체 주민 수 20명 이하에 65세 이상의 고

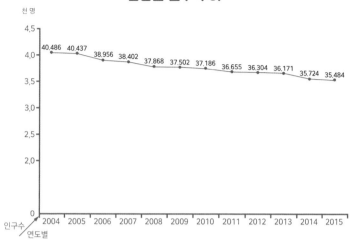

**함평군 인구 추이**

천 명

4.5

4.0  40.486  40.437  38.956  38.402  37.868  37.502  37.186  36.655  36.304  36.171  35.724  35.484

3.5

3.0

2.5

2.0

0

인구수

연도별  2004  2005  2006  2007  2008  2009  2010  2011  2012  2013  2014  2015

령 인구가 절반 이상을 차지해 공동체를 유지하기 어려운 마을을 일컫는
다. 지금과 같은 상황이 이어진다면 작은 마을은 머지않아 쇠퇴하거나 없
어지고 말 것이다.

산업화와 도시화로 대도시는 온갖 도시 문제에 직면해 있고, 중소 도시
는 인구가 빠져나가 기능이 축소되고 있으며, 촌락에서는 한계 마을이 나
타나고 있다. 도시와 촌락은 서로의 도움 없이 살아갈 수 없다. 도시는 촌
락에서 먹을거리를 공급받으며, 촌락은 도시의 풍부한 생활 편의 시설을
이용한다. 도시와 촌락이 상생하는 길을 마련해 우리 국토 전체에 활력을
불어넣어야 한다.

# 4 기나긴 인권의 역사, 법으로 새긴 인간다울 권리

## 인권 보장과 헌법

♦ 인권이란 무엇일까?

♦ 시민 혁명은 인권 향상에 어떻게 기여했나?

♦ 역사 속에서 인권은 어떻게 확립되어 왔을까?

♦ 현대 사회에서 인권은 어떻게 확장되고 있을까?

♦ 인권과 헌법은 어떤 관계가 있을까?

♦ 인권 보장을 위한 헌법적 장치에는 어떤 것이 있을까?

옛날에는 사람을 신분에 따라 나누는 것이 당연하다고 생각했지만 이제 우리 사회에서 그런 생각을 하는 사람은 없습니다. 불과 10여 년 전만 해도 학생은 군인처럼 머리를 짧게 잘라야 한다고 생각했지만 요즘에는 그렇게 생각하는 사람이 많지 않습니다. 이와 같이 '인권'은 끊임없이 발전해 왔고 또 지금도 발전하고 있습니다. 그러나 인권은 저절로 발전한 것이 아닙니다.

이 장에서는 우리 사회의 인권이 어떻게 발전해 왔는지, 그 과정에서 시민들의 노력과 희생은 어떠했는지, 인권 보장을 위해 헌법은 어떤 역할을 하는지도 알아봅니다. 또한 현재 우리 사회에서 인권과 관련해 논의하는 내용에는 어떤 것이 있으며, 그 문제를 해결하기 위해 우리는 어떤 노력을 해야 할지 등을 살펴보겠습니다.

# 52.
# 인권이란 무엇일까?

17~18세기에 아프리카에서 아메리카의 농장과 광산으로 노예를 실어 나르던 '노예선'이 있었다. 더 많은 노예를 싼값에 수송하기 위해 4층짜리 화물선에 짐짝처럼 노예를 빽빽이 실었다. 노예들은 사슬에 묶여 옴짝달싹할 수조차 없었다. 비위생적인 조건에서 탈수, 괴혈병 등에 시달리다가 아메리카에 도착하기도 전에 많게는 33퍼센트의 노예들이 목숨을 잃었다고 한다.

그 무렵 유럽인들에게 노예는 과연 자신들과 똑같은 '인간'으로 여겨졌을까? 돈을 벌게 해 주는 수단이거나 짐승과 같은 수준으로 생각한 것 아닐까? 그런데 이런 비인간적인 처우가 비단 17, 18세기 서구에서만 일어난 일은 아니었다.

우리나라에도 조선 시대까지 노예와 비슷한 '노비'가 있었다. 노비는 재산으로 다루어져 매매·증여·상속되고, 신분은 대물림되었다. 노비를 거래

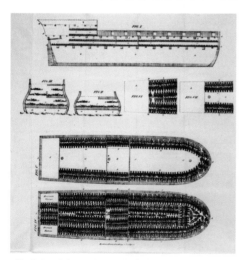

4층 갑판 노예선의 설계도. 노예들을 빈틈없이 실었다.

할 때 말 거래 관련법을 적용할 정도로 인간으로보다는 동물에 가깝게 취급했다. 주인은 노비를 죽이는 경우에만 관청에 보고할 의무가 있었으며, 노비에게 어떤 형벌을 가하든 주인 마음대로였다. 주인이 반란을 도모하지 않는 이상 노비는 주인을 관청에 고발할 수도 없었다. 만약 노비가 주인을 고발하는 경우에는 신분제를 어지럽히는 것으로 간주하여 처형했다.

이렇게 근대 이전의 사회에서는 인권보다 신분 질서가 더 중요했다. 사람이라고 다 같은 사람이 아니었으며, 인종과 신분 또는 성별에 따른 차별을 당연하게 여겼다.

그러나 "모든 사람은 태어나면서부터 하늘이 준(선천적인) 자연의 권리, 즉 자유롭고 평등하며 행복을 추구할 권리가 있다."라는 사상이 퍼져 나가기 시작한다. 이것이 바로 '천부 인권설'이다. 이에 따르면 사람은 그 자체로 존귀하고, 누구든 차별을 받아서는 안 되며, 심지어 국가 권력이라 해도 천부 인권은 침해할 수 없다. 천부 인권설은 홉스나 로크 같은 계몽주의 사상가들이 주창했으며, 미국의 독립 선언과 프랑스의 인권 선언을 이끌어 낸 사상적 배경이 되었다.

인권은 인간이 인간으로서 마땅히 누려야 할 가장 기본적인 권리이다. 그것은 인간이 그 자체로 지니고 있는 존귀함을 인정하고 신분·인종·성별 등 어떤 이유로도 차별받지 않을 권리가 있다는 데서 출발한다. 그러나 갖가지 차별 제도가 철폐되기까지는 오랜 세월에 걸친 시민 혁명과 정치적 개혁 과정에서 많은 희생이 따라야 했다.

---

◉ **계몽주의**: 인간이 신에 의존하지 않고 이성을 바탕으로 인간과 세계의 보편적 원리나 법칙을 발견할 수 있다고 보는 사상이다. 이성에 근거한 합리적 판단에 따라 전통적 관습, 의례, 도덕을 비판적으로 사고하는 것이 계몽주의의 핵심이었다.

## 53.
## 시민 혁명은 인권 보장에
## 어떻게 기여했나?

'천부 인권설'이 단지 철학자들의 사상으로만 머물렀다면 국왕의 목을 베고 시민이 나라의 중심이 되는 세상은 생겨나기 어려웠을 것이다. 그런데 절대적인 왕권을 무너뜨리고 봉건 제도를 끝낸 시민 혁명은 도대체 어떻게 가능했을까?

중세에는 신분이 왕과 봉건 영주, 농노 등 계급과 그 계급에 맞는 역할로 철저하게 나뉘어 있었다. 그러다가 과학 기술의 발달로 대항해 시대가 열리고 산업의 중심이 점차 농업에서 상공업으로 옮겨 가면서 무역과 상업을 통해 부를 축적한 새로운 계급이 탄생한다. 바로 자본가(부르주아) 계급이었다. 이들은 왕과 귀족들에게 세금을 빼앗기는 만큼 그에 비례하는 정치적 권리를 보장받기를 원했다. 그러나 왕과 귀족 등 기득권 세력이 그 권리를 쉽게 내어 줄 리 없었다. 노동자 계급을 비롯한 민중 역시 억압적인 구체제에 저항하며 자유와 평등을 보장하는 새로운 사회 질서를 갈망하고 있었다. 그리하여 자본가 계급이 주축이 되어 봉기를 이끌며 왕정을 무너뜨리는 정치 혁명을 시도하는데, 이것이 바로 시민 혁명이다.

여러 시민 혁명 중에서 대표적으로 프랑스 대혁명을 꼽을 수 있다. 다음은 1789년, 그러니까 지금으로부터 약 220여 년 전 프랑스 대혁명 직후 국민 의회에서 채택한 '인간과 시민의 권리 선언'(인권 선언)의 일부이다.

　1조. 인간은 자유롭고 평등한 권리를 지니고 태어나서 살아간다. 사회적 차별은 오로지 공공의 이익에 근거할 때만 허용될 수 있다.

　2조. 모든 정치적 결사의 목적은 인간이 지닌 소멸될 수 없는 자연권을 보전하는 데 있다. 이러한 권리로는 자유권, 재산권, 신체 안전에 대한 권리, 억압에 대한 저항권 등이 있다.

　3조. 모든 주권은 본질적으로 국민에게 있다. 어떤 단체나 개인도 국민에게서 직접 나오지 않은 권력을 행사할 수 없다.

　(……)

외젠 들라크루아, 〈민중을 이끄는 자유의 여신〉. 1830.

11조. 사상과 의견의 자유로운 소통은 인간의 가장 소중한 권리 가운데 하나이다. 따라서 모든 시민은 자유롭게 의견을 말하고 글을 쓰고 출판할 수 있다. 다만, 법에 규정된 경우에는 자유의 남용에 책임을 져야 한다.

자유, 평등, 저항권, 주권 등 혁명기의 시민들이 인간으로서 절실하게 바라던 사항들이 명문화되어 있다. 시민들은 스스로의 힘으로 인간적·정치적 권리를 천명하고 혁명이라는 과정을 거쳐 시민들이 중심이 되는 사회를 만들게 되었다.

이 밖에 영국은 국왕 제임스 2세가 망명함에 따라 피를 흘리지 않고 왕권의 제한을 가져왔다 하여 이름 붙여진 '명예혁명'으로 시민의 권리가 확대되었다. 미국은 "모든 권력은 국민의 동의에서 나와야 하고, 정부가 정당성을 잃었을 때는 새로 조직되어야 한다."고 선언하고 영국으로부터 독립을 쟁취하면서 시민이 정치의 주체로 나서게 되었다. 오늘날 프랑스 혁명, 명예혁명, 미국 독립 혁명을 세계 3대 시민 혁명이라 일컫는다.

# 54.
# 역사 속에서 인권은
# 어떻게 확립되어 왔을까?

시민 혁명으로 봉건 질서를 무너뜨리는 큰 변화를 이루기는 했지만 정치적 권한이 모든 사람에게 주어진 것은 아니었다. 특히 시민적 권리의 핵심인 참정권은 일정 금액 이상의 세금을 내는 사람들에게만 주어지고, 가난한 노동자와 농민, 여성 등은 제외되었다.

당시 영국 노동자들은 산업 혁명 시기의 열악한 환경에서 하루 16시간 이상 노동에 시달리면서도 굶주림에서 벗어나지 못하는 처지였다. 그러나 이런 상황을 개선할 수 있는 정치적 권한이 전혀 없었다. 이에 반발하며 노동자들이 일으킨 대규모 시위가 '차티스트 운동'이다. 이때 보통 선거 등 6개 항의 요구를 중심으로 한 '인민헌장'(people's charter)을 내건 것이 이

명칭의 유래가 되었다. 노동자들은 1832년 선거법 개정에서 참정권을 얻지 못하자 런던에서 큰 시위를 벌이다가 무력으로 진압당했다. 이 운동은 실패로 끝나고 말았지만 이후 선거권이 확대되는 데 큰 영향을 끼쳤다.

국왕의 경주마에 뛰어들어 숨을 거둔 에밀리 데이비슨

여성들도 참정권을 얻기 위해 희생을 마다하지 않았다. 1913년 에밀리 데이비슨은 경마장에서 국왕의 경주마에 뛰어들며 여성의 참정권을 부르 짖었다. 이러한 희생을 토대로 영국에서는 1928년에 이르러 21세 이상의 모든 여성이 참정권을 부여받았다.

노동자와 여성들이 참정권 확대 투쟁을 활발히 벌인 이유는 참정권이 자기들 삶의 조건을 향상하는 데 필수적이라고 보았기 때문이다. 법률을 만드는 의회에 대표를 보낼 수 있느냐 없느냐는 큰 차이를 가져온다. 예를 들어 노동자 대표가 의원이 될 수 있느냐 없느냐는 임금이나 근로 조건에 많은 영향을 끼친다. 이것은 이들의 인간다운 삶과 직결되는 문제이다.

한편, 인권을 보장하기 위해서는 인간다운 삶을 살 수 있게 하는 복지 문제가 중요해졌는데, 이를 개인이 아닌 사회가 추구할 가치라고 처음으로 인정한 나라는 독일이었다. 독일의 바이마르 헌법(1919년)은 근대 헌법 상 처음으로 국가에 의한 약자의 보호를 명문화하고, 인간다운 삶을 보장 하기 위한 조항을 규정함으로써 20세기 현대 헌법의 모범이 되었다. 안타 깝게도 히틀러 정권에 의해 사실상 폐지됐지만, 그 후 세계의 여러 민주주 의 국가에 많은 영향을 끼쳤다.

영국에서도 '요람에서 무덤까지'라는 말이 등장할 정도로 현대 국가에 서는 시민의 삶의 질을 향상하는 것을 국가가 시행해야 할 중요한 인권 차 원의 과제로 인식했다.

● 인권의 역사적 발전 과정: 1215년 영국 대헌장 → 1688년 영국 명예혁명 → 1776년 미국 독립 혁명 → 1789년 프랑스 혁명 → 1919년 독일 바이마르 헌법 → 1948년 세계 인권 선언 → 1966년 국제 인권 규약

그러나 20세기에 들어서서도 인권 향상을 위한 노력은 험난한 길을 걷는다. 미국의 흑인 인권 운동이 바로 그러했다. 1950~1960년대까지도 미국 남부의 여러 주(洲)에서는 흑인과 백인이 다니는 학교가 따로 있었다. 심지어 버스에서도 흑인과 백인의 자리를 분리하고, 백인이 타면 흑인은 자리를 양보해야만 하는 규정을 두었다. 이에 반발한 흑인들은 버스 승차 거부 운동, 흑인을 받지 않는 식당에서 무조건 앉아 있는 '연좌 운동' 등으로 자신들의 권리를 쟁취하고자 했다. 하지만 반발하는 흑인들에게는 백인들의 무자비한 폭행과 살해 협박이 뒤따랐으며, 실제 많은 흑인들이 KKK단 이라는 백인 우월주의 단체에 희생당하기도 했다.

미국의 흑인 인권 운동을 이끌었던 유명한 지도자 '마틴 루서 킹' 목사의 다음과 같은 말은 인권의 소중함을 알려 주는 명연설로 남아 있다.

"나에게는 꿈이 있습니다! 나의 네 자녀들이 이 나라에 살면서 피부색이 아니라 인격으로 평가받는 날이 오는 꿈입니다."

흑인의 인권은 꾸준히 신장되어 왔다. 그러나 아직도 흑인 차별 문제가 종종 나타나곤 한다. 2008년 버락 오바마가 흑인으로는 최초로 미국 대통령에 당선되는 역사적인 사건이 있었지만, 대통령 한 명의 탄생이 흑인 인권 문제에 종지부를 찍지는 못할 것이다. 흑인 인권 문제는 여전히 더 노력해야 할 과제로 남아 있다.

● KKK단 : 쿠 클럭스 클랜(Ku Klux Klan)의 약자로 남북 전쟁 뒤에 생겨난 인종 차별주의적 극우 비밀 조직을 뜻한다. 하얀 가운에 복면을 쓰고, 십자가에 흑인을 불태우는 협박 의식 등의 테러를 저질렀다. 1960년대에 들어서 흑인과 자유주의자들의 민권 운동이 활발해지자 그에 대한 반동으로 미국 각지에서 산발적으로 다시 등장했다. 오늘날에도 백인의 인종적 지배를 목표로 활동하고 있다.

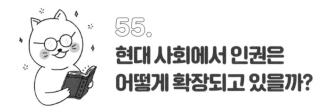

# 55.
# 현대 사회에서 인권은
# 어떻게 확장되고 있을까?

근대 시민 혁명 이후로 인간의 자유와 평등에 대한 권리가 보장되기 시작했고, 20세기에 들어서서는 국가에 인간다운 생활의 보장을 요구할 수 있는 권리인 사회권도 중요한 권리로 등장했다. 이처럼 인권에 대한 인식과 제도적인 장치가 확대되어 왔지만 아직도 인권의 그늘이 있다. 사회적 소수자 인권이 바로 그것이다. 사회적 소수자란 여성과 아동, 이주 외국인 등 주류 집단 구성원에 의해 차별받는 집단을 가리킨다.

"언젠가, 곧 누군가는 유리 천장을 깨기를 바란다." 이 말은 2016년 미국 대통령에 도전했다가 실패한 '힐러리 클린턴' 후보가 선거 직후 남긴 말이다. 여기서 '유리 천장'이란 충분한 능력을 갖췄음에도 여성이라는 이유로 일정한 지위 이상으로 오르지 못하는 현상을 말한다. 공식적으로는 존재하지 않지만 비공식적으로 차별이 있다는 뜻으로 쓰이는 표현인 것이다.

그러면 우리 사회에 존재하는 유리 천장은 어떨까? 비록 실패에 그쳤지만 우리나라에서는 여성 대통령이 탄생했으니 미국보다는 나은 것일까? 그렇지 않다. 여성의 인권이 꾸준히 향상되어 사회적인 지위가 높아지고 있다고는 하지만 현실은 여전히 여성에게 불리하다. 한국기업지배구조원에서 조사한 '주요 국가 상장 기업(주식 시장에 등록된 주요 기업) 여성 임원 비율'에 따르면 우리나라는 1.9퍼센트로 프랑스 18.3퍼센트, 미국 14퍼센트, 중국 8.4퍼센트에 비해 매우 낮은 수준이다. 또한 세계 경제 포럼이 발표한 '국가별 남녀평등 순위'에서 1위를 차지한 아이슬란드의 여성 국회의원 비율이 66퍼센트인 데 견주어 한국은 19퍼센트이다. 또 남성 노동자의 임금 수준을 100으로 보았을 때 여성 노동자의 임금 수준이 아이슬란드는 85.6퍼센트인데 한국은 62.8퍼센트에 그쳐 큰 차이를 보였다(OECD 2015년 통계 참조. 정규직 노동자 기준). 여성의 사회적인 지위가 많이 높아졌다고는 하지만 아직 우리 사회에는 여성들이 깨야 할 유리천장이 많이 남아 있는 것이다.

아동 인권 문제도 우리 사회가 관심을 쏟아야 할 주요 사안이다. 2016년 온 나라를 떠들썩하게 한 일명 '원영이 사건'은 친아버지와 계모가 일곱 살 아동을 끔찍한 방법으로 학대하고 죽음에 이르게 하여 사회에 큰 충격을 주었다. 그러나 그 지경에 이를 때까지 주변의 도움이 미치지 못했다는 점에서 우리 사회의 아동 인권 현실을 돌아보는 중요한 계기가 되었다. 또한 어린이집이나 유치원에서 끊임없이 벌어지는 아동 학대 사건도 결국은 우리 사회에 약자를 배려하거나 인권을 존중하는 태도가 부족함을 보여 주는 단적인 사례이다.

한편 약 200만 명에 이르는 이주 외국인의 인권도 우리가 고민해야 할 중요한 문제 가운데 하나이다. 우리나라는 예부터 '단일 민족 국가'나 '백의민족'이라는 민족적 정체성을 자랑스럽게 여겨 왔다. 그러나 지금과 같은 세계화 시대에 더욱 빈번해진 외국인과의 교류에서는 어떤 태도를 취하고 있을까?

지난 2017년 3월 콜롬비아인 멘도사 씨와 그의 한국인 아내는 대형 슈퍼마켓에서 차에 치일 뻔한 아이를 구해 줬지만 오히려 그 할아버지한테 "콜롬비아 ○○"라는 인종 차별적인 말을 듣고 폭행까지 당했다. 이를 경찰에 신고했지만 경찰관은 오히려 '검둥이 ○○'라고 한 것도 아닌데 뭘 그러느냐며 대수롭지 않다는 반응을 보인다. 이런 사실이 SNS를 통해 알려지면서 아이의 할아버지와 해당 경찰관이 사과하는 것으로 끝을 맺었다. 우리나라에는 인종 차별이 범죄라는 법 규정이 없기 때문에 가해자가 처벌을 받지는 않았다.

이런 경우를 대비하여 국회에 '차별 금지법'이 여러 차례 제출되었지만, 성 소수자 문제에 관한 해석을 둘러싸고 일부 종교 단체가 반대하는 바람에 제정되지 못했다.

차별 금지법이란 헌법의 평등 이념에 따라 성별, 장애, 나이, 출신 국가, 인종, 언어, 출신 지역, 용모 등 신체 조건, 혼인 여부, 임신 또는 출산, 가족

형태와 가족 상황, 종교, 사상 또는 정치적 의견, 범죄 전력, 성적(性的) 지향, 학력, 사회적 신분 등 정치·경제·사회·문화적 생활의 모든 영역에서 합리적인 이유 없는 차별을 금지하는 법안이다. 세계화 시대에 다른 나라와 교류가 활발해지고 우리 사회 내부의 인권 의식도 높아짐에 따라 점차 중요성이 더해지는 법안이다.

그러나 아직까지 보수적인 사고방식과 차별을 당연하게 여기는 생각이 남아 있는 탓에 2007년, 2010년, 2012년 세 차례 입법 논의가 있었는데도 결국 국회를 통과하지 못했다. 인권을 대하는 우리 사회의 인식 한계를 고스란히 보여 주는 것이 아닌지 진지하게 생각해 볼 필요가 있다.

## 56.
## 현대 사회에서 새롭게 요구되는
## 인권은 무엇일까?

　현대 사회에서 인권은 주거권, 안전권, 환경권, 문화권 등 삶의 다양한
권리를 보장하는 내용으로 바뀌고 있다. 인권의 개념이 좀 더 적극적이고
광범위해지는 셈이다.

　먼저 '주거권'은 어떻게 보장되고 있을까? 주거권을 보장하기 위한 방법
의 하나로 '공공 임대 주택'이 있다. 무주택 서민에게 국가나 지방 자치 단
체가 싼 가격으로 빌려주는 주택을 말한다. 부동산 가격이나 전셋값이 천
정부지로 치솟는 상황에서 이것은 인간다운 주거 생활을 할 권리, 즉 '주
거권'을 보장하기 위한 조치 가운데 하나이다.

　그러나 이런 조치가 있는데도 우리나라에서는 '최소 주거 기준'을 충족
하지 못하는 '주거 빈곤층'이 계속 늘고 있다. 최소 주거 기준이란 방의 개
수, 전용 부엌 등 쾌적한 생활을 누리기 위한 최소한의 주택 환경을 말하
는데, 부부와 2명의 자녀로 구성된 4인 가구의 경우 방 3개와 별도의 부엌
을 포함해 최소 43제곱미터(약 13평)의 주거 면적을 필요로 한다. 주거 빈
곤층이 늘어난다는 것은 이런 최소한의 환경을 충족하지 못하는 집에서
사는 가구가 그만큼 많다는 뜻이다. 하지만 이 또한 1인 가구나 청년층 주
거 빈곤의 실태를 드러내기에는 부족하다.

'지·옥·고'라는 말을 들어 본 적이 있는가? 이는 반지하·옥탑방·고시원의 줄임말로, 청년들의 열악한 주거 현실을 대변하는 신조어이다. '의식주'라는 말에서 알 수 있듯 주거는 가장 기본적인 삶의 조건인데도 우리 사회는 청년들의 이런 큰 고민을 해결해 주지 못하고 있다. 주거 문제는 경제적인 부담으로 이어져 연애나 결혼, 출산을 포기하게 만드는 주요 원인이 되기도 한다.

이런 문제들을 해결하기 위해 정부는 그동안 이어 왔던 4인 가구 중심의 공공 임대 주택 입주 자격을 동거·비혼·여성 등으로 다양하게 확대하고, 공공기관이 사회적 기업과 협동조합 등에 토지를 장기간 빌려주거나 리모델링 비용을 지원하는 '사회 임대 주택' 공급도 늘리겠다는 방침이다.

또 다른 인권의 문제로 '안전권'을 들 수 있다. 우리 헌법 제34조는 "국가는 재해를 예방하고 그 위험으로부터 국민을 보호하기 위하여 노력하여야 한다."라고 규정하고 있다. 각종 재난과 사고에서 안전할 권리를 뜻하는 안전권은 '세월호' 사건으로 주목받았다. 대다수가 18세인 어린 생명을 포함해 304명의 국민이 허망하게 바닷속에 잠길 때 과연 국가는 그들의 생명과 안전을 위해 무슨 일을 했는가 하는 문제가 국민의 안전권과 그것을 지켜야 하는 국가 시스템에 대한 큰 관심을 불러일으킨 것이다.

'환경권' 문제도 갈수록 심각해지고 있다. 환경권이란 모든 국민이 건강하고 쾌적한 환경에서 인간답게 살 수 있는 권리를 말한다. 만약 여러분이 사는 곳에서 지방 자치 단체가 쓰레기를 수거해 가지 않는다면 어떤 일이 벌어질까? 쓰레기에서 풍기는 악취와 미관상 문제로 단 며칠도 버티기 힘들 것이다.

환경 문제는 삶의 질과 밀접한 관련이 있다. 아직은 중국보다는 낫다고

녹조 속에서 힘겨운 물고기들, 2016년 금강.

하지만 스모그나 미세 먼지의 농도가 갈수록 심해지고 있다. 어떤 날은 외출조차 자제해야 한다. 이명박 정부 시절에 추진된 4대강 사업은 어떤가? 지금 그 강들에서는 물고기가 폐사하는가 하면 '녹조라떼'라는 비아냥거림이 생겨날 정도로 수질이 몹시 나빠졌다. 비관적인 것은 한번 망가진 자연환경은 되돌리기가 매우 힘들다는 점이다. 이러한 이유로 현대 사회에서는 환경 문제와 관련된 시민운동이 활발하게 펼쳐지고 있다.

끝으로 '문화권'은 국민 누구나 문화 활동에 참여하고 문화를 누릴 권리를 말한다. 그러나 전국의 공연장 가운데 절반 이상이 서울을 비롯한 수도권에 있으며, 일부 시·도는 서울의 10분의 1에 지나지 않는 공연장을 보유한 실정이다. 이것은 문화의 기회 균등이라는 측면에서 바람직하지 못하다.

또한 어떤 사람은 비싼 관람료 때문에, 또 어떤 사람은 여가를 내기 힘든 노동 조건 때문에 문화 혜택을 누리기 힘든 것도 사실이다. 그래서 정부는 매달 마지막 수요일을 '문화가 있는 날'로 지정했다. 이날만큼은 고궁이나 박물관 등을 무료로 개방하며 각종 공연과 전시, 영화관 입장권도 할인해 준다. 많은 국민들이 좀 더 문화적인 혜택을 보게 하는 대표적인 문화권 보장 조치라고 할 수 있다.

# 57.
# 인권과 헌법은
# 어떠한 관계가 있을까?

텔레비전 역사 드라마에서 억울하게 잡혀 온 백성이 별다른 설명도 없이 곤장을 맞거나 고문을 당하는 장면을 본 적이 있을 것이다. 이런 일이 현대 사회에서도 벌어질 수 있을까? 아마도 일반적으로는 벌어질 수 없는 일일 것이다. 왜냐하면 우리 헌법은 범죄에 대한 처벌은 법에 규정된 내용과 절차에 따라야 한다는 '죄형 법정주의'와, 피의자가 행사할 수 있는 법적 권리를 고지하는 '미란다 원칙' 등을 분명히 밝히고 있기 때문이다.

이와 같이 현대 민주주의 나라에서는 국가의 최고법인 헌법을 통해 '기본권'을 보장하기 위해 노력하고 있다. 즉, 사회의 최상위 규범인 '헌법'에 이를 규정함으로써 그 밑의 어떠한 법령도 그 가치를 침해할 수 없게 하려는 취지이다.

우리 헌법 제10조에 "모든 국민은 인간으로서의 존엄과 가치를 가지며, 행복을 추구할 권리를 가진다. 국가는 개인이 가지는 불가침의 기본적 인

---

● **죄형 법정주의**: 범죄와 그에 따른 형벌은 규정된 법률에 의해서만 이루어져야 한다는 형법상의 기본 원칙.
● **미란다 원칙**: 경찰이나 검찰이 범죄 용의자를 연행할 때는 그 이유와 변호인의 도움을 받을 수 있는 권리, 진술을 거부할 수 있는 권리 등이 있음을 미리 알려 주어야 한다는 원칙.

권을 확인하고 이를 보장할 의무를 진다."라고 하여 기본권의 중요성과 이를 지켜야 하는 국가의 의무를 규정하고 있다.

헌법을 바탕으로 한 기본권 보장의 사례는 여러 가지가 있다. 예를 들어 아버지가 전과자라는 사실만으로 아들이 공무원이 되는 데 제약을 받는다면 그것은 불합리할 뿐만 아니라 아들 처지에서는 억울한 일일 것이다. 그러나 우리나라에서는 1980년 제8차 헌법 개정 이전까지 '연좌제'라는 이름 아래 이런 일이 버젓이 시행되었다. 가족이나 친척 중에 북한과 관련된 인물이 있으면 공무원이 되거나 기업에 취직하는 것이 거의 불가능했다. 이 제도는 8차 헌법 개정으로 금지되었다. 이렇게 불합리한 모순을 제거하고 국민에게 공정하고 자유로운 기회를 제공하는 것이 바로 헌법의 힘이다.

그런데 이러한 헌법 규정은 그 자체로도 중요하지만 헌법 정신을 지키려는 노력 또한 뒷받침되어야 기본권 보장이라는 본래 목적을 충실히 달성할 수 있다.

1970년대 박정희 군사 독재 정권 시절, 민주주의를 외치던 도예종 씨 등 8명을 간첩으로 몰아서 미리 짜 놓은 각본에 따라 재판을 하고 재판이 끝난 지 겨우 18시간 만에 가족도 모르게 사형을 집행해 버린 '인혁당 사건'이 있었다. 1980년대에 들어서는 독재 정권에 반대하다가 경찰에 끌려간 뒤 물고문으로 사망한 박종철 고문 치사 사건이 있었다(이 사건은 1987년 6월 민주항쟁에 불을 당겼다). 1990년대 말에는 수사 기관의 가혹 행위로 억울하게 누명을 쓰고 감옥살이를 했던 삼례 3인조 강도 사건 등이 있었다. 이 밖에도 국가 기관이 저지른 기본권 침해 행위는 너무나 많았다.

이러한 사건들의 공통점은 헌법을 지키며 국민의 기본권을 보장해야 할

국가가 오히려 인권 침해의 주범이 되었다는 것이다. 이는 민주주의 국가
에서 결코 용납되어선 안 될 일이다.

## 삼례 나라슈퍼 3인조 강도 사건

1999년 전북 완주군 삼례읍의 나라슈퍼에 3인조 강도가 침입해 잠 자고 있던 주
인 할머니(당시 77세)를 살해한 뒤 현금과 패물 등을 털어 달아난 사건이다. 경찰
은 수사 끝에 삼례에 거주하던 최 아무개 씨 등 3명을 붙잡아 강도 치사 혐의로
구속했다. 대법원도 유죄 판결을 내려 이들은 징역형을 선고받고 만기 출소했다.
그런데 진범이 따로 있다는 사실이 뒤늦게 밝혀지자 법원이 재심 결정을 내렸고,
2016년 이들은 누명을 벗고 무죄를 선고받았다. 이 사건을 통해 경찰의 최초 조
사 과정에서의 가혹 행위 등 국가 기관의 인권 침해가 또 한 번 문제시되었다.

# 58.
# 인권 보장을 위한 헌법적 장치에는 어떤 것이 있을까?

고전 소설 『춘향전』에는 변 사또라는 인물이 등장한다. 변 사또는 고을에 부임하여 선정을 펼치기는커녕 수청 들기를 거부한 춘향을 옥에 가둬버리고 백성들의 재산을 빼앗으며 권력을 제멋대로 휘두르다가, 마침내 암행어사가 된 이몽룡에 의해 벼슬에서 쫓겨난다. 『춘향전』과 같은 상황이라면 사람들의 삶은 고을 수령이 선량한지 그렇지 않은지에 따라 결정될 수밖에 없을 것이다. 그런데 만약 고을 수령에게 모든 권력이 집중되지 않는다면, 즉 사람이 아니라 법에 의한 지배가 이루어지며 이를 관리 감독할 상시적이고 독립적인 조직이 따로 있었다면 어땠을까? 그렇다면 변 사또의 권력 남용으로 피해를 입는 일은 없었을 것이다.

국가를 운영하는 데서도 권력이 한 사람에게만 집중된다면 그것은 국민들에게 매우 위험한 일이다. 그래서 현대 민주주의 국가에서는 이러한 권력의 집중과 국민들에 대한 인권 침해를 막기 위한 제도를 갖추고 있다. 그 첫 번째가 '법치주의'이고, 두 번째가 '권력 분립'이다.

'법치(法治)주의'란 글자 그대로 법에 따라 다스린다는 뜻으로, 국가 권력에 의한 자의적이고 독단적인 지배를 막고 법률에 근거한 공권력 행사만 허용함으로써 국민의 자유와 권리를 보장하고자 하는 통치 원리이다.

우리나라 왕조 시대에도 마찬가지였지만 특히나 유럽의 절대 왕정 시대에 국왕의 권력은 막강하기 그지없었다. 프랑스의 루이 14세는 "짐이 곧 국가다!"라고 말할 정도로 왕의 권력은 절대적이었다. 이 시대에 백성은 국왕의 소유물이자 국왕의 국가를 지탱해 주는 소모품에 지나지 않았다. 시민 혁명을 통해 들어선 근대 국가에서는 이런 통치권자의 권력 남용을 견제하고 시민의 권리를 보장하기 위해, 시민이 선출한 대표 기관인 의회에서 제정한 법률에 의해서만 공권력이 행사되게 하였다. 이것이 바로 법치주의 원리의 시작이다. 그러나 이러한 법치주의도 형식에 그쳐서는 안 되며 실질적으로 작동되어야 한다. '실질적 법치주의' 논리가 그것이다.

만약 여러분 학급에서 반장을 선출할 때 무기명 비밀 투표가 아니라 손을 들어 의사 표시 하는 방법을 택하고 선생님이 반장 후보를 추천한다면, 나머지 학생들이 자유롭게 후보를 추천하고 투표할 수 있을까? 아마도 선생님 눈치를 보느라 자유로운 선출을 기대하기 힘들 것이다.

이와 같이 형식적으로는 학생들의 의사에 따르는 민주적인 절차를 거친 것처럼 보여도 실질적으로는 민주적이지 못한 사례가 현실 정치에서도 있었다. 1970년대 '유신 헌법'은 당시 독재를 이어 가던 대통령 박정희가 자신의 영구 집권을 위해 대통령의 임기 제한을 폐지하고, 국민의 대표여야 할 국회 의원 가운데 3분의 1을 대통령이 임명하는 등, 독재를 더욱 강화하는 도구로 삼았던 악법이다.

유신 헌법은 겉으로는 국민들의 투표 절차를 거친 정당한 법으로 포장됐지만 실제로는 그렇지 않았다. 신문이나 방송에서 비판적인 의견을 낸다는 것은 꿈도 꿀 수 없었고, 시민들은 자유롭게 의견을 낼 수조차 없었다. 언론을 통제함으로써 국민들의 눈과 귀를 가리고 찬성만 강요한 상황에서 형식에 불과한 통과 절차를 거쳤으며 그 내용 또한 독재자에게 유리했을 뿐 전혀 민주적이지 못했다. 법치주의는 형식뿐 아니라 내용도 정의로워야 진정한 법치주의라고 할 수 있다.

'권력 분립'이란 "절대 권력은 절대 부패한다."라는 격언과 맞닿아 있다. 국가 권력을 나누어 여러 기관에 분담시킴으로써 서로 견제하며 균형을 이루게 해야 국민의 자유와 권리가 더 확실히 보장된다는 정치 원리이다. 법을 만들고(입법권) 이를 실행하는 권한(행정권)을 나누는 것은 물론이고 잘 실행되었는지 감시하고 판단하는 권한(사법권)을 분리함으로써 한 군데로 집중된 권력이 인권을 침해하지 못하도록 하는 데 그 목적이 있다.

## 59.
## 헌법은 어떤 과정을 거쳐
## 우리 생활에 반영되나?

"다른 학교는 다 쉬는데 우리 학교는 왜 재량 휴업을 하지 않는 걸까?"

"왜 우리 학교는 다른 학교보다 여름 방학이 짧은 걸까?"

이렇게 불평하는 학생들을 종종 보곤 한다. 그러나 우리나라는 초·중·고등학교의 연간 수업 일수를 법으로 규정하기 때문에 학교마다 쉬는 일수에는 별 차이가 없다. 예컨대 학기 중에 많이 쉬면 방학이 줄어들게 되는 것이다. 이런 사실을 안다면 불평은 금방 사라질 것이다. 이처럼 우리 생활의 대부분은 법 규정에 따르게 되어 있다. 법의 체계가 어떠한지 학교 교육을 사례로 더 살펴보자.

우리나라에서는 누구나 교육받을 권리가 있다. 아이가 태어나면 부모는 일정한 연령부터 초등학교, 중학교 과정을 마치게 해야 한다. 이것을 '의무 교육'이라 하며, 이를 이행하지 않는 부모는 처벌을 받게 된다. 그럼 이러한 교육 정책들은 어떤 근거에서 나온 것일까?

우선 우리나라의 모든 국가 정책이나 행정 행위에는 법적 근거가 있어야 하며, 그 근거의 최상위에는 '헌법'이 존재한다. 헌법은 각 국가 기관의 역할, 국민의 권리와 의무, 우리 사회가 추구해야 할 방향 등을 규정한 우리 사회 최상의 가치 규범이다.

의무 교육을 예로 들면, 헌법에 "모든 국민은 그 보호하는 자녀에게 적어도 초등 교육과 법률이 정하는 교육을 받게 할 의무를 진다."라는 규정이 있으며, 이에 근거하여 헌법의 하위(下位) 법인 '초중등 교육법'이라는 '법률'에 의무 교육 관련 규정이 나온다.

초중등 교육법에는 "모든 국민은 (······) 그 자녀 또는 아동을 초등학교에 입학시켜야 하고, 초등학교를 졸업할 때까지 다니게 하여야 한다."라고 하여, 아동이 우리 나이로 8세가 되면 초등학교에 입학시킬 것을 정하고 "(······) 중학교를 졸업할 때까지 다니게 해야 한다."고 하여 중학교까지 의무 교육으로 정하고 있다. 또 "규정에 따른 취학 의무의 이행과 이행 독려 등에 필요한 사항은 대통령령으로 정한다."라고 하여 이 법률에 따른 조치를 하위 법인 '초중등 교육법 시행령'이라는 '명령'에서 다루게 하고 있다.

헌법과 법률에 이은 법 규범인 명령, 즉 여기에서는 '초중등 교육법 시행령'이 해당되는데 "초등학교 및 중학교의 장(長)은 의무 교육 대상 학생이 ······ 그 보호자 또는 고용자에게 학생의 출석을 독촉하거나 의무 교육을 받는 것을 방해하지 아니하도록 경고하여야 한다."라고 규정하여 부모가 아동에 대한 교육의 의무를 다하지 않았을 때의 처벌 기준을 정하고 있다.

이와 같이 우리나라에서는 최상위 법인 헌법에 근거하여 법률, 명령 등의 체계를 거쳐 국가 정책을 펼치게 하고 있다. 이 밖에 지방 자치 단체에서 만드는 '규칙' 또는 '조례'로 넘겨서 업무를 처리하기도 한다. 예를 들어 학교 교육과 관련된 대부분의 업무는 법률과 시행령에 근거하지만, 수업료를 받는 업무는 각 지방 자치 단체에서 정한 '조례'에 따르게 한다. 따라서 학생이 내는 수업료와 내는 방식은 지방마다 다를 수 있다.

이처럼 헌법의 정신은 법률과 명령, 규칙과 조례라는 과정을 통해 우리 실생활에 반영되고 있다.

## 헌법·법률·명령·규칙

**헌법**은 1948년 7월 17일 제정된 이래 모두 9차례 개정되었다. 헌법 개정은 국회 의원 과반수 또는 대통령의 제안에 따라 국회 의원 3분의 2 이상이 찬성하면 유권자 과반수 투표에 투표자 과반수 찬성이라는 국민투표 과정을 거쳐서 확정된다.

**법률**은 일반적으로 국회 의원 과반수 출석과 출석 의원 과반수 찬성으로 제정되거나 혹은 개정된다.

**명령**은 입법부의 법률과 달리 행정부에서 내리는 집행령을 뜻하며, 대통령령·총리령 등이 있다.

**규칙**은 지방 자치 단체장이 제정하며, **조례**는 지방 의회에서 제정하는 지방 행정 규범이다.

## 60.
## 헌법 재판소는 왜 있을까?

헌법이 존재한다고 해서 반드시 국민의 인권이 침해당하지 않는다고 볼 수는 없다. 우리나라의 경우 군사 독재 시절에도 헌법은 존재했지만 권력의 독재로부터 헌법 정신을 지키고 국민을 보호하기에는 미흡한 면이 있었다. 그래서 설립된 기관이 '헌법 재판소'이다. 헌법 재판소는 대법원 등 일반 재판을 담당하는 사법 기관과는 달리 헌법과 관련된 분쟁만 담당하기 위해 설립된 특수 기관이다. 예를 들어 헌법에 보장된 권리를 침해당했다고 생각하는 개인이 내는 '헌법 소원', 어떤 법률이 헌법에 위배되는지를 가리는 '위헌 법률 심판', 또 대통령을 비롯한 특정한 공무원이 헌법 정신을 어겼다고 생각할 때 진행하는 '탄핵 심판' 등이 헌법 재판소의 중요한 업무이다.

이 가운데 먼저 헌법 소원의 사례를 보자. 1995년, 옛 민법의 규정에 따라 동성동본이기 때문에 혼인이나 혼인 신고를 하지 못한 사람들이 헌법 재판소에 헌법 소원을 제기했다. 전국에 수백만 명이 넘는 전주 이씨, 밀양 박씨, 김해 김씨 등이 단지 성과 본이 같다는 이유만으로 배우자 선택권이나 행복 추구권을 침해받고 있으니 이를 시정해 달라는 것이었다. 이에 헌법 재판소는 이들의 의견을 들어 해당 민법 조항에 헌법 불합치 결정을 내

헌법 재판소의 헌법 재판관들

림으로써 그동안 혼인 신고를 하지 못했던 수많은 동성동본 쌍들이 혼인 신고를 했다. 이를 계기로 민법도 개정되어, 8촌 이내 혈족의 혼인만 금지하는 것으로 바뀌었다. 이 밖에 공무원 시험에서 군필자에게만 가산점을 줌으로써 여성이나 장애인들이 아무 잘못도 없이 시험에서 불이익을 받으니 시정해야 한다는 결정, 한국 국적을 보유하고 외국에 나가 있는 재외국민도 선거권을 보장받아야 한다는 결정 등도 모두 헌법 소원을 통해 권리 침해를 구제한 사례들이다.

둘째로 위헌 법률 심판이란 법원에서 재판 중인 사건에 적용될 법률이 헌법 정신을 위반했는지 하지 않았는지를 법원이 헌법 재판소에 문의(제청)하면, 헌법 재판소가 그 법률이 위헌인지 아닌지 결정하는 심판을 말한다. 예를 들어 특정 종교인들이 군대에서 총을 드는 훈련은 자신의 종교적 양심에 비추어 할 수 없다고 주장하며 병역을 거부하는 '양심적 병역 거부'에 대하여 담당 재판부가 이들의 처벌을 규정한 해당 병역법 조항이 피고인들의 양심의 자유를 침해하는 것은 아닌지 판단해 달라고 헌법 재판소에 요청하는 것 등이다. 이 사건은 '대체 복무제'와 맞물려 지금도 여전히 사회적 쟁점이 되고 있다.

셋째로 탄핵 제도는 형벌 또는 보통의 징계 절차로는 처벌하기 어려운 고위 공무원이나 특수한 직위에 있는 공무원이 직무와 관련해 헌법이나 법률에 어긋나는 행위를 했을 때, 국회가 해당 공무원을 탄핵 의결(탄핵 소추)하면 헌법 재판소가 재판을 거쳐 그 공무원을 해당 공직에서 파면하는 제도이다. 우리나라에서 대통령에 대한 탄핵 사례로는 2004년 노무현 대통령과 2016년 박근혜 대통령의 경우가 있다. 국회 재적 의원 3분의 2 이상의 찬성으로 탄핵 소추안이 가결되면 대통령의 권한은 정지되며, 헌법 재판소의 심판 절차를 기다리게 된다. 그리고 헌법 재판관 9명 중 6명 이상이 찬성할 경우(인용) 대통령은 탄핵되며, 6명 미만이 찬성할 경우 대통령은 다시 직무에 복귀한다(기각). 노무현 대통령은 헌법 재판소에서 기각 결정을 내려 다시 대통령직에 복귀했지만, 박근혜 대통령은 인용되어 대통령직에서 쫓겨났다.

이 밖에 헌법 재판소는 정당의 활동이 민주주의 질서에 위배되는지 판단하여 해산 여부를 결정하는 '정당 해산 심판권', 국가 기관이나 지방 자치 단체 사이의 권한 다툼을 심판하는 '권한 쟁의 심판권' 등을 가진다.

# 61.
# 인권 보장과 준법 의식은
# 어떤 관계가 있을까?

 몇 해 전, 경찰서에서 출석 요구서를 받아 울상을 짓는 학생들이 많다는 내용의 신문 기사가 있었다. 이 학생들은 인터넷상에서 소설을 다운로드받아 아무 생각 없이 자기 개인 블로그에 올렸는데, 어느 날 저작권 침해 혐의로 고소됐으니 경찰에 출두해 조사받으라는 요구서가 날아왔다는 것이다. 아울러 원작자를 대신한다는 변호사에게서 수십만 원을 내고 합의하면 고소를 취하하겠다는 전화도 받았는데, 어떡하면 좋으냐고 하소연한다는 내용이었다.

 '저작권'이란 인간의 사상 또는 감정을 표현한 창작물인 저작물에 대한 배타적·독점적 권리를 말하는데, 저작권법 위반에 대해 잘 모르는 청소년들의 저작권 침해 사례가 늘고 있다. 그 해결책으로 검찰은 2009년부터 '청소년 저작권법 침해 고소 사건 각하 제도'를 시행하고 있다. 이 제도는 저작권법 위반 전력이 없는 청소년이 잘 모르고 우연히 저작권을 침해한 경우, 최초 1회에 한하여 처벌받지 않게 한 것으로, 이 제도를 시행한 뒤 많은 청소년들이 구제받았고 또 무분별한 고소도 많이 줄어들었다.

 그런데 여기서 생각해 볼 문제는 청소년 시기에 억울한 범죄자가 되는 것을 막아 주는 것도 중요하지만, 다른 사람의 권리도 소중하다는 점을 깨

우쳐 주어야 한다는 것이다. 창작은 엄청난 노력과 고통의 산물이다. 따라서 그 권리를 존중해 주어야 우리 사회가 문화적으로 더 풍성하고 정직한 사회가 된다. 다른 사람의 물건을 훔치면 안 되는 것처럼 다른 사람의 창작물 또한 마찬가지라는 점을 인정해야 한다. 몇 날 며칠 밤을 새워 만든 소중한 창작곡이나 수십억 원을 들여 만든 영화 한 편을 가볍게 불법 다운로드할 수 있다면, 어느 누가 그런 창작의 노력을 기울이겠는가?

인터넷상에서 벌어지는 또 다른 부정적인 사례로 '사이버 명예 훼손'을 들 수 있다. 몇 해 전 유명 배우가 자살했는데, 그 이유는 인터넷상의 악플 때문이었다. 자신과 관련 없는 일인데 소문에 소문이 꼬리를 물고 진실처럼 퍼지면서, 차마 입에 담기 힘든 욕설과 악담이 홈페이지나 블로그에 도배되는 것을 참기 힘들어하다 끝내 자살을 택한 것이었다.

이 연예인의 죽음은 허위 사실 유포 행위와 관련하여 사회적 경각심을 불러일으켰으며, 연예인의 사회적 위상을 바로잡는 데 도움을 주어 명예 훼손 행위에 대한 연예인의 소송 제기가 당연한 권리 행사라는 사회적 공감대가 형성되도록 하였다. 이미지에 타격을 입을까 염려하여 참기만 하던 연예인들이 법적 대응에 나서고 관련자들을 법적으로 조치하고 나서면서 이런 악플들은 잠잠해지는 상황이다.

이 두 가지 사례에서 중요한 점은 '다른 사람의 권리를 존중할 줄 알고 법을 준수해야 나의 권리도 보장된다.'는 것이다. 민주주의 사회에서 시민들은 자발적으로 법을 지키려는 태도를 갖춰야 하며, 자신의 권리만큼 타인의 권리를 소중히 여겨야 할 책임이 있다. 시민이 스스로 법을 지키려는 준법 의식이 있을 때 헌법이 보장하는 자신과 타인의 인권이 함께 지켜질 것이다. 특히 인터넷이 발달하면서 많은 정보가 자유롭게 생산되고 소비되는 현대 사회의 특성상 사이버 공간에서 상대를 배려하고 정해진 규정을 준수하는 노력이 우리 모두의 인권을 보장하는 길이라는 것을 알아야 한다.

현대 민주주의 국가는 대부분 간접 민주주의 형태를 채택하고 있다. 국가의 규모가 커지고 인구가 늘어났으며 그에 따라 전문적인 정책이 많아져 모든 시민들이 결정에 참여하기는 사실상 불가능하기 때문이다. 따라서 시민들은 투표를 통해 대표를 뽑는 것이 기본 권리이자 의무가 되었다. 투표가 일차적인 시민의 정치 참여 방법인 것이다. 또 정치인에게 직접 뜻을 전달하거나 민원이나 청원을 제기하고 공청회, 집회에 참여하는 등 다양한 방법으로 정치적 의사를 표현할 수 있다. 그러나 이렇게 정상적이고 합법적인 방법으로 정치에 영향을 끼칠 수 없을 때는 어떻게 해야 할까?

1987년 1월, 당시 대학교 3학년생이던 박종철 군이 경찰에 연행되었다. 전두환 군사 정권 말기의 탄압과 그에 저항하는 시민운동 과정에서 벌어진 일이었다. 그런데 연행된 지 이틀 만에 주검으로 돌아온 원인에 대해 경찰은 '책상을 탁 치니 억 하고 죽었다.'는 기막힌 결과를 발표했다. 이에 분노한 시민들이 거리로 뛰쳐나오고, 결국 물고문에 의한 사망으로 밝혀지면서 6월 민주 항쟁이라는 거대한 물결의 도화선이 되었다. 매일 거리를 가득 메운 수백만 시민들의 저항은 드디어 독재 권력의 항복을 받아내며 '6·29 민주화 선언'을 이끌었고 대통령을 국민이 직접 선출하는 직선

제 개헌 쟁취로 우리 민주주의 역사에 새 장(章)을 열었다.

우리나라의 짧은 민주주의 역사에서 뚜렷한 분수령이 된 사건들의 밑바탕에는 하나같이 이런 시민들의 거대한 움직임이 있었다. '4·19 혁명', '5·18 광주 민주화 운동', '6월 민주 항쟁'은 모두 한 뜻으로 모인 시민들의 참여가 민주주의를 이끄는 원동력이라는 사실을 보여 주었다. 공동체 문제에 관심을 기울이고 불의한 권력을 바로잡으려는 시민들의 참여가 있을 때 비로소 권력을 견제하고 감시할 수 있으며, 이를 토대로 시민들의 인권도 보장받을 수 있다. 이 과정에서 되도록이면 법의 테두리를 지키려는 노력도 중요하지만, 법률이나 정책이 오히려 시민의 인권을 침해하는 경우라면 시민들의 불복종이 정당화되기도 한다. 시민 불복종이란 국가의 정의롭지 못한 법이나 정책을 바꾸기 위해 이를 의도적으로 거부하는 비

박종철 추모 미사 후에 거리로 나온 사람들. 1987년 1월 26일

폭력적인 행동을 뜻한다.

2000년 1월, 전국 412개 단체로 구성된 '총선시민연대'는 16대 국회 의원 선거에서 부적절한 후보자에 대한 공천 반대, 낙선 운동을 펼치기로 했다. 그리고 공천 반대자 64명과 반인권 행위 전력과 납세 비리, 저질 언행 관련자 22명 등 모두 86명의 낙선 대상자 명단을 발표했다. 정치권에서는 총선시민연대의 낙천·낙선 운동이 불법이라고 비판했다. 그러나 총선연대는 낙선 운동을 강행하면서 국민들의 지지를 얻었다. 결국 86명의 낙선 대상자 가운데 59명(68.6퍼센트)이 떨어졌으며, 특히 수도권에서는 20명의 낙선 대상자 중 19명이 무더기로 떨어져 낙선 운동의 위력을 과시했다. 그러나 낙선 운동 지도부 30여 명은 그 후 선거법 위반으로 법정에 서게 되었고, 헌법 재판소는 '총선연대의 낙천·낙선 운동을 금지하는 현행 선거법은 합헌'이라는 결정을 내렸다.

비록 낙선 운동은 아직까지 '불법'이라는 꼬리표를 떼지 못했지만, 이에 대한 시민들의 지지는 낙선 운동의 결과로 입증되었다. 그리고 이러한 시민들의 의사를 언제까지고 막을 수만은 없을 것이라는 사실은 미국과 유럽 등 선진 민주 국가에서 지지 또는 낙선 운동이 활발하게 벌어지는 것을 보면 알 수 있다. 물론 시민 불복종이 남용되면 사회는 혼란에 빠질 수 있다. 따라서 시민 불복종이 정당하려면 시민 불복종의 원인과 목적이 민주주의 원칙에 합당한지 잘 살펴야 하며, 시민 불복종의 수단 또한 민주 정치 체제에서 용인될 수 있는 것인지도 잘 검토해야 한다.

이처럼 민주주의 국가에서 시민의 자유와 권리가 보장되기 위해서는 시민들 스스로가 권리를 지켜야겠다는 의식을 가지고 활발하게 참여하는 정신이 필요하다.

# 63.
## 촛불 집회는 왜 생겨났을까?
– 시민의 정치 참여

2002년 6월, 경기도 양주의 지방 도로에서 길을 가던 두 여중생 신효순·심미선 양이 주한 미군의 장갑차에 깔려 사망한 사건이 일어났다. 이 사건을 계기로 네티즌들이 중심이 되어 같은 해 11월 서울 광화문에서 처음으로 대규모 촛불 집회를 열었다. 처음에는 단순한 추모 집회 성격을 띠었지만, 미군 법정이 사고 장갑차 운전병들에게 무죄 판결을 내리면서 반미 시위의 성격을 띠게 되었다. 이후 촛불 집회는 전국으로 확산됐는데, 시위를 평화적으로 유지함으로써 국민들에게 큰 지지를 얻고, 한국의 대표적인 집회·시위 문화로 자리 잡게 되었다. 그 뒤 2004년 3월 노무현 대통령 탄핵 사건이 일어나자 탄핵에 반대하는 대규모 촛불 집회가 전국에서 일어나, 탄핵을 주도한 세력이 이어진 제17대 국회 의원 총선거에서 참패하는 데 결정적 역할을 했다.

또 2008년 5월에는 10대 여학생들이 미국산 쇠고기 수입에 반대하는 촛불 문화제를 처음 연 뒤로 많은 시민들이 광우병 쇠고기 수입 반대를 외치며 동참하였다. 2008년의 촛불 집회는 이전과 달리 이른바 주도 세력 없이 SNS를 통해 자발적으로 모인 개인들의 집회라는 점이 가장 큰 특징이다. 처음에는 광우병 위험이 있는 미국산 쇠고기 수입을 둘러싼 문제로 시작했지만, 나중에는 정부 정책에 반대해 여러 목소리를 내는 시민들의 의지를 하나로 모으는 역할을 했다.

2016년에는 박근혜 대통령의 탄핵과 하야를 촉구하는 촛불 집회가 사상 최대 규모로 진행되었다. 이전의 촛불 집회나 1987년 6월 항쟁 당시의 참가자 100만 인파를 뛰어넘으면서 전국적으로 가장 큰 규모로 가장 오랜 시간 동안 진행되었다. 그것은 박근혜 대통령이 정부의 공적 기구를 무력화하고, 민간인 최순실 등이 국가 권력을 좌우하도록 방치했으며, 국가 재정을 개인의 사리사욕을 채우는 데 쓰고, 세월호 사건 등에서 보여 준 것처럼 국민의 생명과 안전을 경시하는 행위는 민주주의 국가에서 있을 수 없는 일이라는 국민적 분노가 그만큼 컸던 것이다.

"30년 전 박종철 열사가 고문에 죽어 가며 절규했던 소망과 30년 뒤 광화문 촛불 민심의 소망은 같다. 한마디로 '민주주의를 완성하자'다." 마침 6월 민주 항쟁의 불씨가 된 박종철의 죽음 30주년인 2017년 1월 14일, 촛불 집회가 열린 현장에서 그의 친구가 한 이 말은 촛불 집회가 지향하는 바가 무엇인지를 잘 드러내 준다. 폭력적이고 부패한 권력에 맞서 용감히 나서는 개인들이 있는 한 민주주의의 불꽃은 결코 사그라들지 않으며, 민주주의는 결코 국가가 지켜 주는 것이 아니라 시민들 스스로 지켜야 한다는 것이다.

## 64.
## 국내 인권 문제에는
## 어떤 것이 있을까?

"휠체어 탄 승객이 오면 운전기사가 의자를 접어서 공간을 만들어 줘야 하거든요. 그런데 요구하면 운전기사가 짜증을 내세요. 승객들은 또 빨리 가자고 핀잔을 주고요. 서럽죠……."

'저상버스'는 '바닥이 낮고 뒷문이 넓은 시내버스'를 말하는데, 장애인들이 휠체어에 탄 채로 오르내릴 수 있도록 만든 버스이다. 그러나 시내버스를 이용하면서 실제로 장애인들이 버스에 오르내리는 장면을 본 적은 거의 없을 것이다. 그것은 우리 사회가 장애인들을 배려한다는 흉내만 내려 할 뿐, 사실은 그들을 배려하는 마음이 부족하기 때문이다. 그나마 지하철이나 시내버스는 그런 시늉이라도 하지만 시외버스나 고속버스에는 저상버스 자체가 도입되어 있지 않다. 이것은 장애인에게 중요한 '이동권'이라는 권리를 무시하는 우리 사회의 수준을 단적으로 보여 준다. 전체 장애인 중 후천적 장애의 비율이 90퍼센트 가까이를 차지하는데도, 막상 '나'의 일이 아니면 피부로 느끼지 못하고 '다른 사람'의 일로만 여기는 것은 분명 개개인의 인권을 소중한 가치로 여기는 민주 사회의 모습이 아니다.

청소년 인권 문제와 관련해서도 우리 사회가 가야 할 길은 아직 멀다. 여러분의 학교생활은 자유롭고 민주적인가? 학생들의 학교생활이 예전에 비해 많이 자유로워진 것은 사실이다. 그러나 학생을 독립된 인격체로 존중하고 그들의 의견을 소중하게 받아들이는지에 대해서는 아직도 많은 학생들이 의문을 품고 있을 것이다. 특히 학생을 체벌하고, 겨울에도 교복 위에 점퍼를 걸치지도 못하게 하거나 겉옷의 색상을 제한하는 등 시대착오적인 규제가 여전히 남아 있는 것도 사실이다. 또 정치적인 문제에 대해 교내에 대자보를 붙이는 행동을 징계한다거나 촛불 집회에 참여하는 것을 막는 등 학생들의 의사 표현 자유를 제한하고 있다. 선거 연령을 18세로 하향하는 조치가 세계적인 추세인데도 일부 정치인들은 "고3 학생들의 면학 분위기를 해친다."라는 식으로 반응하고 있는 것이 현실이다.

청소년 노동권 분야에서도 마찬가지 문제가 발생하고 있다. 청소년을 고용하면서 근로 계약서를 작성하지 않고, 근로 기준법에 보장된 휴게 시간도 없이 점심도 주지 않고 일을 시키거나, 연장 근로 수당, 야간 수당, 주휴 수당을 지급하지 않는 업체가 허다하다. 근로 기준법은 근로 계약서의 서면 작성과 함께 4시간당 30분의 휴게 시간을 보장하고 연장 근로와 휴일·야간 근로에는 추가 수당을 지급하며, 주 15시간을 넘게 일할 경우 1일의 유급 휴일을 주어 하루치 임금을 더 주도록 규정하고 있다. 특히 미성년자는 하루 7시간만 일해야 하고 연장 근로를 할 경우 동의를 받게 되어 있지만, 이런 규정을 모두 준수하는 경우는 찾아보기 힘들다.

청소년은 성인보다 사회적·경제적·신체적으로 약자이기에 특별한 보호가 필요하다. 그러나 현실에서 많은 청소년들이 임금 체불, 부당 해고, 산업 재해 등 여러 가지 부당한 대우의 희생양이 되고 있다. 게다가 우리 사회는 학교에서 공부하는 청소년만 일반적인 보호의 대상으로 여길 뿐, 일하는 청소년에 대한 관심은 부족한 것이 사실이다. 이 문제를 해결하려면 사회의 전반적인 인식 변화도 중요하지만 학교에서 노동권과 관련하여 내실 있는 교육을 하고 언론을 통해 폭넓은 홍보 활동을 하며, 무엇보다 노동 관계법 위반 사업장을 엄격하게 관리하고 처벌함으로써 청소년 노동권 보호에 경각심을 갖게 만들어야 한다.

사례로 제시한 장애인 이동권 문제나 학생 인권 문제뿐 아니라 우리는 여성·청소년·노동자 등 사회적 약자의 인권 문제에서 아직 갈 길이 멀다. 이런 문제점들을 인식하고 고치려고 노력할 때 우리 사회는 인권 선진국을 향해 한 걸음 더 나아갈 수 있을 것이다.

# 경기도 학생 인권 조례

제5조(차별받지 않을 권리) ① 학생은 성별, 종교, 나이, 사회적 신분, 출신 지역, 출신 국가, 출신 민족, 언어, 장애, 용모 등 신체 조건, 임신 또는 출산, 가족 형태 또는 가족 상황, 인종, 피부색, 사상 또는 정치적 의견, 성적 지향, 병력, 징계, 성적 등을 이유로 정당한 사유 없이 차별받지 않을 권리를 가진다.

제9조(정규 교과 이외의 교육 활동의 자유) ② 학교는 학생에게 야간 자율 학습, 보충 수업 등을 강요하여서는 아니 된다.

제11조(개성을 실현할 권리) ① 학생은 복장, 두발 등 용모에 있어서 자신의 개성을 실현할 권리를 가진다.

제19조(정책 결정에 참여할 권리) ④ 학생 대표는 학생에게 영향을 미치는 사안에 관하여 학교 운영 위원회에 참석하여 발언할 수 있다.

# 65.
# 세계 인권 문제는 무엇일까?

인권 문제에서 가장 기본적인 것은 무엇일까? 그 어떤 것보다 먹고사는 생존의 문제가 아닐까? 그런데 유엔 식량 농업 기구에 따르면 기아 인구가 2015년 기준 전 세계 인구의 9분의 1 정도인 약 7억 9500만 명에 이른다. 더욱이 5초마다 열 살 미만의 어린이 한 명이 기아로 목숨을 잃는다고 한다. 이 사실은 다른 모든 인권 문제에 앞서 우리가 시급히 해결해야 할 과제가 무엇인지 보여 준다. 그 어떤 문제도 '먹고사는 일'에 우선할 수 없기

때문이다.

이 밖에도 인류가 마주하고 있는 시급한 인권 문제는 곳곳에서 찾아볼 수 있다.

왼쪽 사진의 아이는 내전 중인 조국을 탈출하다가 망망대해에서 배가 뒤집히면서 엄마와 형과 함께 목숨을 잃은 세 살짜리 시리아 난민 '쿠르디'이다. 청색 반바지에 빨간 티셔츠를 입은 쿠르디는 파도 옆에서 평온하게 잠들어 있는 듯 보이지만, 이 '평온한 비극' 앞에서 전 세계 사람들은 큰 충격을 받았다.

시리아 내전은 약 300만 명의 난민을 낳았다. 그런데 생존을 위해 조국을 탈출한 난민들의 입국을 둘러싸고 유럽 연합 나라들 사이에 갈등이 일어났다. 보편적 인권과 자국 이기주의 중 어느 것을 택해야 하는가 하는 문제도 던졌다. 오스트레일리아의 경제평화연구소(IEP)가 조사 발표한 세계 평화 지수(GPI)에 따르면, 시리아는 세상에서 가장 위험한 10개 나라에 포함될 만큼 내전으로 인한 인권 침해가 심각한 것으로 알려져 있다.

쿠르디의 죽음이 일으킨 파장이 채 가시기도 전에 '제2의 쿠르디'로 불리게 된 로힝야족 '모함메드 소하옛'의 죽음이 세상에 알려졌다. 이제 겨우 생후 1년 6개월 된 아기로 미얀마 군대의 인종청소 논란 속에 미얀마를 탈출한 난민 보트에서 실종되었다가 갯벌에 엎드려 숨진 채 발견되었다. 방글라데시로 도피한 그의 아버지 알람 씨는 아내와 아들 소하옛이 미얀마-방글라데시 국경의 나프강에서 난민선 침몰로 숨졌다고 했다. 시리아 난민 사태보다는 규모가 작아 많은 관심을 받지는 못했지만 미얀마의 로힝야족 문제도 소수 민족에 대한 차별을 넘어선 말살 정책으로 인해 보편적 인권을 다시 생각하게 만드는 계기가 되고 있다. 미얀마는 세계적 인권 단체인 '프리덤 하우스'가 인권 지수 하위의 인권 탄압국으로 지정할 만큼 상황이 심각하여 국제적인 관심이 절실하다.

한편 전통적으로 인권을 존중받지 못하는 계층으로 여성의 인권 문제를 들 수 있다. 여성은 정치적 기본권도 남성보다 늦게 획득했으며, 사회적 기본권도 가장 늦게 인정받았다. 250년의 미국 역사에서도 흑인 대통령은 탄생했을지언정 여성 대통령이 아직 등장하지 못했다는 것은 여성 인권이 세계 공통의 문제임을 보여 준다. 사우디아라비아에서는 여성이 혼자 운전하면 처벌을 받는다거나, 서남아시아와 아프리카 지역에서 10~27세의 소녀와 여성 7000만 명에게 할례가 행해진다는 점은 여성 인권 문제를 해결하려면 아직도 갈 길이 험난하다는 것을 말해 준다.

## 여성 할례

여성의 성년 의식 가운데 하나로 여성 성기의 음핵 표피를 제거하는 시술이다. 현재 아프리카와 서남아시아의 28개 나라에서 행해지고 있다. 여성의 성기에서 성적으로 민감한 부분을 없애 평생 성적인 쾌감을 느끼지 못하게 함으로써 정숙하며 순결한 여성을 만든다는 의도라고 한다. 유니세프(국제 연합 아동 기금)에 따르면 2016년 전 세계 30개국에서 2억 명이 넘는 여성들이 이 풍습 때문에 고통받고 있다.

## 66.
## 우리나라의 인권 문제를
## 해결하려면 어떻게 해야 할까?

아동·청소년 인권, 특히 학생 인권은 우리 사회에서 여전히 큰 논쟁거리이다. 초등학생 일기장 검사는 인권을 침해할 소지가 크다는 국가 인권 위원회의 의견 표명도 그랬다. 사실 대부분의 초등학교에서는 기록을 습관화하고, 하루 생활을 반성하며 쓰기 능력을 향상할 목적으로 어린이들에게 일기를 쓰게 하고 이를 선생님들이 검사했다. 그러나 2005년 인권위는 일기 검사가 아동의 사생활이나 양심의 자유 등 기본권을 억압하기 때문에, 교육적 목적을 이루기보다 인권 침해 가능성이 크다고 결론 내렸다. 또 2016년에는 학생의 교내 휴대 전화 소지 금지 규정에 대해 학교장이 학생을 비롯한 학교 구성원의 의견을 반영하는 등 필요한 민주적 절차를 거쳐 휴대 전화 사용 방식을 정할 것을 권고했다.

그리고 체벌, 두발 제한, 자율 학습 강요, 흡연 관련 지도 과정에서 나타난 인권 침해, 종교의 자유 침해 등과 관련하여 국가 인권 위원회가 그동안 조사하여 시정을 권고한 수많은 사건들이 있다.

국가 인권 위원회 이외의 인권 관련 기관으로는 행정 기관의 불합리한 처분에 맞서 국민의 기본권을 보장하기 위한 기구인 '국민 권익 위원회', 언론의 잘못된 보도로 침해당한 국민의 기본권을 보호하기 위한 '언론 중재 위원회' 등의 기구가 있으며, 소송을 제기함으로써 법원을 통해서도 기본권 침해를 구제받을 수 있다.

이러한 조치들이 인권 보장을 위한 국가 기관의 제도적인 노력이라면, 민간 시민 단체들의 활동도 주목할 만하다.

우리나라의 대표적인 인권 시민운동 단체로는 '인권운동사랑방'이 있다. 이 단체는 그동안 세월호와 관련해 '존엄과 안전에 관한 4·16 인권 선언' 제정 운동, 서울대병원 청소-간병 노동자 산재 관련 인권위 진정 및 제도 개선 촉구 활동, '집회 시위 자유 보장'에 대한 사법부 판례 설명회 등의 활동을 해 왔다. 인권 문제를 해결하는 데에는 국가 차원의 제도적인 방침도 중요하지만 민간 차원의 시민 단체 활동도 중요하다. 이러한 집단적 노력이 인권 문제를 개선하는 사회 분위기를 만드는 데 기여하기 때문이다.

또한 인권 문제를 개선하기 위해서는 개개인의 노력도 뒷받침되어야 한다. 우리가 흔히 '살색'이라고 하던 색깔은 그 이름 자체로 피부색에 따른 인종 차별의 의미를 안고 있다는 사실을 간과하기 쉽다. 이 색깔의 명칭을 '살구색'으로 바꾼 것은 2005년, 초등학생들이 국가 인권 위원회에 제출한 진정 덕분이었다. 중고생들의 두발 자율화 과정이나 출석부에서의 남녀 순서 변경 등도 모두 실생활에서 인권이 침해된 사례를 지적한 개개인의 노력에 따른 결과였다. 이런 문제 의식이 국가 인권 위원회나 인권 관련 시민 단체들을 통해 공론화하면서 시정된 것이다. 이와 같이 인권은 국가와 사회, 그리고 개인들의 노력이 뒷받침되어야 향상될 수 있다는 사실이 그동안 미약하나마 우리 사회가 인권 향상의 발걸음을 내딛는 과정에서 증명되었다.

# 67.
## 인권 문제 해결을 위해 국제 사회는 어떤 노력을 할까?

　　유엔(국제 연합) 산하 고문 방지 위원회는 지난 12일 한국 관련 보고서를 발간했습니다. 6년 만에 발간된 보고서에서 고문 방지 위원회는 지난 2015년 타결된 한일 위안부 합의 수정을 권고했습니다. 피해자 구제권을 명시한 유엔 고문 방지 협약 14조에 비추어, 합의 범위와 내용 모두 부족하고, 진실 규명과 재발 방지는 물론 피해 할머니들에 대한 배상과 명예 회복에도 실패했다고 평했습니다.

－2017년 5월 15일 SBS 뉴스

　　위의 보도는 2015년에 타결된 한일 위안부 문제에 관한 합의가 여러 면에서 불충분하다고 지적하는 유엔 고문 방지 위원회의 보고서를 다루고 있다. 인권 문제를 해결하기 위해 국제 사회는 여러 측면에서 노력하고 있는데, 이를 위한 정부 간 공식 기구가 유엔 산하의 ‘유엔 인권 이사회’와 ‘유엔 인권 최고 대표 사무소’ 등이다.

　　유엔 인권 이사회는 유엔 가입국의 인권 상황을 정기적·체계적으로 검토하고 국제 사회의 인권 상황을 개선하기 위해 만든 상설 위원회이다. 유엔 인권 최고 대표 사무소는 유엔 인권 이사회의 활동을 도우며 세계 각국에 사무소를 두고 지역 사회와 정부에 인권 교육, 자문, 기술 협력 등의 활동을 지원하는 것을 목적으로 설립되었다. 이 기구들은 일본의 위안부 문제 해결을 촉구한 것 이외에도 미얀마 '로힝야족' 인종 청소 문제, 각국의 성 소수자 차별 문제, 인류의 생존을 위협하는 전염병 문제 등을 해결하기 위해 애쓰고 있다.

그러나 전 세계적으로 쌓여 있는 많은 인권 문제를 해결하기 위해서는 국가 간의 공식 기구만으로는 부족하다. 그런 부족함을 '국제 사면 위원회', '국제 적십자사', '국경 없는 의사회' 등 국제적으로 조직된 비정부 기구들이 보완해 주고 있다.

국제 사면 위원회는 '앰네스티'라고도 하는데, 정치적·종교적, 또는 그 밖의 양심에 입각한 신념 때문에 억압받거나, 인종·피부색·언어·성(性) 등의 이유로 억압받는 양심수의 석방과 인권 보호를 위해 노력하고 있다. 이 단체는 독립성을 유지하고자 정부 기관의 지원은 일절 받지 않고 회원들의 후원비로만 운영된다. 특히 정치범의 석방, 공정한 재판과 옥중 처우 개선, 고문과 사형 폐지 활동을 활발하게 펼치고 있으며, 인권 상황을 감시하고 평가하는 데 세계 최고의 권위를 얻고 있는 것으로 평가된다.

국제 적십자사는 1863년 전쟁 중 환자들을 구호하기 위해 탄생했으며, 오늘날에는 포로·민간인 보호, 평시의 건강 증진, 질병 예방, 재해 구제 등의 사업도 하고 있다. 세계 180여 개국에 사무소를 두고 있으며, 우리나라에서는 헌혈 활동과 남북 이산가족 상봉 행사로 유명하다.

국경 없는 의사회는 전쟁·기아·질병·자연재해 등으로 고통받는 세계 각지의 주민들을 구호하기 위해서 만든 국제 민간 의료 구호 단체이다. 1971년 설립된 이래 베트남 전쟁, 걸프 전쟁 등에서 난민 구호에 힘썼다.

국경 없는 의사회는 세계 각지의 분쟁·참사 지역에 신속히 들어가 구호 활동을 펼침으로써 인도주의를 실현하고 일반 대중의 관심을 촉구한 공로를 인정받아 1999년 노벨 평화상을 받았다.

이와 같은 공식·비공식 국제기구들의 노력 덕분에 세계의 인권 상황은 차츰 나아지고 있다. 그러나 인권에 대한 각국 정부의 관심과 실천, 이를 뒷받침하고 감시하는 세계 시민 의식이 확립될 때 국제 사회의 인권 지수는 한층 높아질 것이다.

# 5 보이지 않는 경제를 내 손에

## 시장 경제와 금융

우리는 자본주의가 지배하는 사회 경제 질서 속에 살고 있습니다. 이러한 사회 체제 속에서 현명한 경제생활을 해 나가려면 자본주의가 무엇이며 어떤 특징이 있는지 잘 알고 있어야 합니다. 또한 자본주의 체제가 어떤 질서와 원칙에 따라 작동하는지 알고 이를 현실의 경제생활에 접목할 줄도 알아야 합니다. 그리고 경제 활동으로 벌어들인 소득을 어떻게 현명하게 소비하고 관리해야 할지 그 방법과 태도를 미리 익혀야 안정된 경제생활을 할 수 있습니다.

이 장에서는 자본주의의 발전 과정과 특성, 시장 경제 체제가 작동하는 원리, 자산을 관리하는 방법과 자세를 알아보겠습니다.

# 68.
# 시장에서 기회가 생기다
－자본주의의 탄생

1805년, 독일 함부르크에 살던 여덟 살 마이어는 지팡이가 들어 있는 15킬로그램짜리 나무 궤짝을 끌고 매일 동틀 무렵에 집을 나섰다. 아버지가 만든 산책용 지팡이는 고객들에게 큰 인기를 끌었지만, 지팡이 몇 개를 판다고 해서 마이어 가족이 가난에서 벗어날 수 있는 것은 아니었다. 만약 50년 전이었다면 마이어도 아버지처럼 영세 수공업자가 되어 자식들을 거리로 내보내 지팡이를 팔게 했을 가능성이 높았다. 그러나 마이어는 아버지 세대와 전혀 딴판으로 인생이 흘러갈 수 있는 시대에 성장했다. 48세가 되었을 때 그는 300명이 넘는 노동자를 거느리고 있었다. 마이어는 여전히 산책용 지팡이를 생산했지만, 그 밖에도 담뱃갑·펜대·우산 등 여러 제품을 만들었다. 그는 세계 여러 곳에 자신의 상품을 팔았고, 고향 함부르크에서는 처음으로 산업용 증기 기관을 사용했다. 마이어는 함부르크 최초의 자본가들 가운데 한 명이 되었다. 그런데 그의 어마어마한 돈은 혼자 힘으로 번 것이 아니었다. 마이어의 공장 노동자들은 일주일에 거의 90시간을 뼈 빠지게 일했다. 새벽 5시에 일을 시작했고, 저녁 8시가 넘어서야 겨우 퇴근했다. 토요일과 일요일에도 일했지만 일당은 매우 적었다.

1805년, 24살의 나이에 디리히가 독일 랑엔비라우에서 작은 섬유 회사를 차렸을 때 수중에 가진 돈이라고는 달랑 신발 10켤레를 살 수 있는 정도뿐이었다. 그는 처음에 자신이 만든 상품을 등에 짊어지고 직접 시장에 내다 팔았다. 그러나 얼마 후에는 실을 사서 직조공들에게 수고비를 조금 주고 천을 짜게 해서 자기 이름을 붙여 팔기 시작했다. 디리히의 선조들만 해도 영주에게 필요한 상품을 만들어서 바치는 노동 노예였다. 그러나 이제 시대가 바뀌어 디리히 자신이 주인이 되어 다른 사람들이 그를 위해 일하게 했다. 1830년에 그는 기계로 된 직조기를 갖춘 공장을 세웠고, 이 공장은 유럽 최대의 섬유업체로 성장했다. 훗날 디리히의 회사는 노동자들이 자신들을 착취하는 기업가들에게 격렬히 항거한 역사적인 직조공 봉기의 무대가 되기도 했다.

　　　　　　　　　　　　　　　　　　　　　　　－『자본주의 250년의 역사』에서 요약


　　위의 두 가지 사례는 자본주의 태동기에 자본가로 성장한 사람들의 실제 이야기이다. 이 사례에 등장한 주인공들처럼 중세의 영주에게 예속되어 있던 사람들은 신분제가 무너지자 자유로운 몸이 되어 도시로 몰려들었다. 이 중 몇몇은 위 사례에 나오는 사람들처럼 자본가로 성장했다. 이들도 처음에는 자기 손으로 상품을 만들어 소규모로 내다 팔았지만, 벌어들인 돈을 다시 생산에 투자하여 점차 생산 규모를 키워 나갔다. 혼자서는 상품을 생산하기가 힘들어지자 임금을 주고 일할 사람을 고용하게 되었다. 그리고 마침내 생산 시설을 갖춘 큰 공장을 세웠다. 이때부터 공장에서 일하는 사람들은 노동자가, 이들에게 노동을 시키고 임금을 주며 대규모 공장을 운영하여 큰돈을 벌어들인 사람들은 자본가가 되는 자본주의적 사회 질서가 정착하게 되었다.

이와 같은 자본주의는 16세기쯤부터 싹트기 시작하여 산업 혁명을 거쳐 지금은 전 세계 거의 모든 나라의 경제 체제로 자리 잡았다.

자본주의 이전 봉건 시대에는 귀족인 조상에게서 대대로 물려받은 농토와 노예를 소유한 일부 계층만 부유하게 살았다. 그러나 자본주의 사회에서는 상업이나 공업 분야에서 개인의 능력에 따라 자본을 형성할 수 있고, 이를 재투자하여 대규모 생산 시설을 갖추면 누구라도 큰 부자가 될 수 있었다. 다시 말해, 능력에 따라 자본을 형성하고 그 자본이 큰돈을 벌어 주는 시대가 바로 자본주의 시대인 것이다. 요컨대 자본주의란 부를 축적하는 과정에서 자본이 중심 역할을 하는 경제 체제를 말한다.

# 69

# 계획 경제의 거울에
# 자본주의를 비춰 보면?

– 자본주의의 특징

우리는 자본주의 사회에서 나고 자랐기 때문에 자본주의의 특징이 무엇이냐고 물어보면 오히려 대답하기 힘들 수도 있다. 그래서 자본주의의 특징을 알려면 자본주의와 성격이 대비되는 사회주의 경제 체제를 이해할 필요가 있다. 쿠바의 경우를 예로 들어 보자. 최근에는 쿠바도 서서히 자본주의적인 시장 질서를 받아들이고 있지만 쿠바의 기본 경제 체제는 사회주의이다. 쿠바에서는 생산의 중요한 수단인 농장과 기업 대부분을 정부가 소유하고 운영한다. 노동자를 고용하는 기업은 노동자 개인이 아니라 정부에 임금을 지급하고, 그러면 정부는 노동자에게 임금을 나누어 지급한다. 노동자들의 임금 격차도 크지 않은 편이다. 쿠바 국민은 국가로부터 생필품을 배급받는다. 다음은 쿠바의 배급 제도를 묘사하는 신문 기사의 일부이다.

쿠바의 배급제는 무상 의료·교육 및 연금과 함께 쿠바 사회주의 모델을 보여 주는 대표적인 상징물이다. 쿠바는 1962년부터 배급제를 실시했다. 쿠바인들은 가구별로 제공되는 배급 카드를 국영 상점에 가지고 가서 상품을 싼 가격에 배급받는다. 제공되는 물품에는 쌀·콩·기름·설탕·치약·소금·커피·빵·계란 등이 포함된다. 쌀의 경우 1인당 월별 5킬로그램, 콩은 1킬로그램, 기름 1병, 계란 9개, 빵 2개 등이었다. 쇠고기와 닭고기는 애초에는 모든 사람들에게 제공됐으나, 1990년부터는 7살까지만 지급된다. 우유도 7살 때까지만 제공되고 그 이후엔 요구르트가 제공된다.

－2015년 1월 28일 『한겨레』

위의 신문 기사 내용처럼 개인의 생활에 필요한 여러 가지 물품을 국가가 일일이 배급하려면 어떻게 해야 할까? 우선 국가는 개인의 생활에서 무엇이 얼마만큼 필요한지 계산하여 물품의 생산량을 결정한다. 그리고 그만큼을 생산하기 위해 국가가 소유한 농장이나 기업 또는 국가가 통제할 수 있는 생산 시설에서 물품을 생산하도록 지시한다. 개인은 국가가 정한 기준에 따라서 일정한 양의 물품들을 배급받을 수 있다. 즉, 쿠바와 같은 사회주의 사회에서는 어떤 물품을 어떻게 생산할지를 기본적으로 국가가 계획하여 실행한다. 또한 이를 누구에게 얼마나 나누어 줄지도 국가가 결정한다.

자본주의 사회인 우리나라의 경우는 어떠할까? 쿠바에서 다달이 1인당 2개씩 배급한다는 빵을 예로 들어 보자. 우리나라에서는 빵을 국가가 아니라 빵집을 운영하는 기업이나 개인이 생산한다. 그 빵집은 빵집을 여는 데 자본을 투자한 개인의 소유이다. 그러면 빵을 생산하는 목적은 무엇일까? 빵집을 운영하는 사람은 빵을 생산해서 누군가에게 팔아 이윤을 얻으려고 생산하는 것이다.

자본주의 사회에서는 무엇을 어떻게 생산하며 이를 누가 얼마나 소비할지 개인이 자유롭게 결정한다. 즉, 자본주의 사회에서는 개인의 경제 활동의 자유가 최대한 보장된다. 또한 개인은 자신의 이익을 추구하기 위해 노력하며, 사회는 이를 개인의 사유 재산으로 인정한다. 그러니까 개인이 생산한 상품은 국가가 배급으로 나누어 주는 것이 아니라 개인이 이익을 얻으려고 시장에서 팔 수 있다. 따라서 시장 거래를 위해 상품에는 자연스럽게 가격이 매겨진다.

흔히 자본주의를 시장 경제 체제와 비슷한 용어로 사용하는 이유가 그것이다. 시장을 매개로 한 자유로운 경제 활동이 자본주의를 유지하는 원동력이 되기 때문이다. 또한 자본주의에서는 사회 구성원이 생산 시설을 마련하고, 기업 경영을 담당하는 자본가와 자본가에게 고용되어 생산을 직접 담당하는 노동자로 나뉜다. 노동자들은 생산 활동에 노동력을 제공하고 그 대가로 돈을 받아 생활하기 때문에 노동력이 물건처럼 팔리는데, 이를 노동의 상품화라고 한다.

# 70.
# 자본주의의 변신은 어디까지일까?

– 자본주의의 역사

요즘 최신 스마트폰에는 이름 뒤에 숫자가 붙는다. '갤○시 8', '아○폰 7'처럼 스마트폰의 기능을 업그레이드해서 새로운 제품을 출시할 때, 기업에서 이전 제품과 차별을 두기 위해 숫자를 붙이는 것이다. 그런데 경제학자들은 자본주의도 이와 마찬가지라고 말한다. 마치 스마트폰이나 자동차가 기본적인 정체성은 유지하면서 소비자의 새로운 요구에 맞춰 첨단 과학 기술을 접목해 점점 진화하듯이 자본주의도 그 모습이 변해 가고 있다는 것이다. 경제 평론가 아나톨 칼레츠키는 자신의 책에서 현재의 자본주의를 '자본주의 4.0'이라고 이름 붙이기도 했다.

경제학자들은 흔히 자본주의를 생명체에 비유한다. 생명체가 자신이 놓인 환경에 따라 적응하면서 생명을 유지하듯이, 자본주의도 사회 환경에 꾸준히 적응하면서 살아남아 왔다는 것이다. 그렇다면 자본주의는 처음에 어떤 모습으로 만들어졌으며, 또 어떤 새로운 모습으로 변화해 왔을까?

자본주의는 16~17세기에 시작되었다. 이 시대를 대표하는 유명한 인물들은 콜럼버스, 마젤란 같은 신항로 개척자이다. 이들은 국왕의 명을 받아 신항로를 개척하고 신세계에서 새로운 문물을 가져와 유럽 사회에 소개했다. 그 무렵 유럽에서는 봉건제˚가 무너지고 중앙 집권 국가˚가 생겨나고

산업 혁명기의 방직 공장을 묘사한 그림. 증기 기관에서 전달되는 힘으로 자동 방직기가 작동하고 있다.

있었다. 포르투갈·영국·스페인 등의 국가들은 강력한 왕권을 바탕으로 상업과 무역을 장려하고 식민지 확보를 통해 무역을 키워 나갔다. 이러한 활동에는 상업을 중시하는 사상, 즉 중상주의가 배경이 되었기 때문에 이때의 자본주의를 상업 자본주의라고 한다.

17세기 말과 18세기 초에 자본주의는 변화를 겪는다. 상업을 통해 자본을 축적한 자본가들은 점차 스스로 공장을 만들고 상품을 생산하기 시작했다. 더불어 과학 기술이 발달하고 증기 기관 같은 기계가 발명되면서 대규모 생산 시설을 갖춘 공장에서 대량으로 생산된 상품들이 시장에 쏟아

○ 봉건제 : 중세 유럽에서 영주가 신분제를 기반으로 농노들을 지배하며, 각 지방의 영주들에게 권력이 분산되어 있던 사회 체제.
○ 중앙 집권 국가 : 권력이 중앙에 집중되어 있는 나라.

져 나왔다. 이를 산업 혁명이라고 한다. 산업 혁명을 통해 자본주의는 해외에서 상품을 들여와 팔기보다는 상품을 직접 만들어 팔아 더 큰 이윤을 추구하는 형태로 변했는데, 이를 산업 자본주의라고 한다.

산업 자본주의 시대는 생산력의 폭발적인 증가로 인간에게 전에 없던 물질적인 풍요를 안겨 주었다. 따라서 개인의 자유로운 경제 활동을 최대한 보장하면 개인과 사회가 모두 부유해질 수 있다는 믿음이 확산되었는데, 이를 '자유방임 사상'이라고 한다. 한편 산업 자본주의 시대에는 사회 구성원이 노동자와 자본가 계급으로 나뉘었다. 그런데 노동자와 자본가 사이의 빈부 격차가 점점 커지고, 자본가들이 더 많은 이익을 내기 위해 노동자들을 열악한 환경에서 장시간 노동시키는 등 착취가 심해지면서 마

1930년대 대공황기에 빵을 타려고 길게 줄 선 뉴욕 시민들

르크스를 중심으로 한 사회주의 사상이 등장했다. 사회주의자들은 자본주의가 생산력은 높지만 불평등한 분배 구조 때문에 결국에는 완전히 망할 것이라고 예언하기도 했다.

사회주의의 확산과 함께 19세기 후반부터 산업 자본주의를 위기에 빠뜨리는 새로운 문제가 나타났다. 지나친 이윤 추구가 화를 부른 것이다. 기업들은 더 많은 돈을 벌기 위해 노동자들을 저임금 장시간 노동으로 몰아넣으면서 쉴 새 없이 상품을 만들어 시장에 쏟아 냈다. 그런데 인구의 대부분을 차지하는 노동자들은 너무 가난해서 상품을 구입할 능력이 없었다. 그리하여 생산한 상품들이 재고로 쌓이고, 형편이 어려워진 기업들은 하나둘 도산하기 시작했다. 도산한 기업들은 더 큰 기업에 흡수되면서 점차 독점 기업이 생겨났으며, 독점 기업은 더 이상 경쟁을 통한 효율성을 발휘하지 못했다.

이런 문제들이 쌓이고 쌓여 발생한 것이 바로 대공황이었다. 기업들이 도산하는 바람에 그곳에서 일하던 많은 사람들이 실업자가 되어 거리로 내몰렸다. 분명 모두들 자신의 이익을 증진하기 위해 노력했는데 사회 전체가 빈곤의 수렁에 빠지고 만 것이다. 이러한 대공황을 계기로 개인의 자유로운 경제 활동만으로 자본주의가 정상적으로 유지될 수 없다는 인식이 생겼다. 이에 따라 대규모 공사 등의 공공사업으로 실업자를 구제하고 경제를 활성화하며, 독과점 기업을 규제하고 사회적 약자인 노동자를 보호하는 등 공공의 문제를 해결하는 일이 절실히 필요해졌다. 그 역할을 담당한 것이 바로 정부였다. 이를 기점으로 자본주의는 자유와 경쟁을 보장하는 자본주의의 기본 틀을 유지하면서 정부의 적극적인 역할을 강조하는 새로운 형태로 변화했다. 이를 수정 자본주의라고 한다.

〈빌리 엘리어트〉는 광산 폐쇄와 감원 정책에 맞서 광부들이 장기 파업을 벌이는 광산촌을 배경으로 한다.

　그러나 수정 자본주의도 위기를 맞게 되었다. 1970년대에 이르러 세계
적으로 경제가 불황에 빠지면서 그 원인을 정부의 지나친 규제와 복지 정
책, 노동조합의 활동 탓으로 돌리는 분위기가 나타났다. 영화 〈빌리 엘리
어트〉에 등장하는 가난한 광산 노동자들의 삶과 이들이 생존을 위해 결성
한 노동조합이 탄압받는 처절한 모습은 바로 이 시대를 배경으로 한다. 이
시기에는 정부의 지나친 규제와 개입, 과도한 복지 정책이 경제의 효율성
을 저하시켜 경기 침체가 나타났다는 인식이 확산되었다.

　이에 따라 기업이 더 효율적으로 생산 활동을 할 수 있게 해야 한다는
주장이 힘을 얻었다. 그 결과 정부의 시장 개입을 줄이고 다시금 자유방임
경제로 돌아가려는 움직임이 나타났는데, 이를 신자유주의라고 한다. 신자
유주의 아래에서 정부는 복지 제도를 축소하고 기업에 대한 각종 규제를
없앴다. 또한 노동자를 보호하던 여러 정책을 축소하고 정부의 재정 지출

을 줄였으며, 금융 자본이 전 세계를 넘나들며 이윤을 추구할 수 있는 길을 열어 주기도 했다.

신자유주의적 자본주의는 금융 경제를 중심으로 2008년까지 전 세계에서 주된 흐름을 이루었지만, 미국의 서브 프라임 모기지 사태 를 계기로 위기를 맞았다. 최근에는 세계적으로 빈부 격차가 커지고 금융 자본의 횡포가 심해지면서 자본주의는 다시금 많은 비판과 저항을 받고 있다. 이에 따라 다시 자본주의의 새로운 대안을 찾는 흐름이 전 세계적으로 나타나고 있다. 앞에서 언급한 아나톨 칼레츠키의 '자본주의 4.0'은 이러한 대안적 자본주의로서 '다 함께 행복한 성장을 하는 따뜻한 자본주의'를 말한다. 그 밖에도 공유 경제, 협동조합 의 활성화 등 자본주의의 새로운 대안을 제시하는 다양한 목소리가 나타나고 있다.

◦ **서브 프라임 모기지 사태** : 미국에서 주택을 담보로 주택 소유자들에게 돈을 빌려주는 대형 대부 업체들이 파산하면서 시작된 사태로, 미국뿐 아니라 국제 금융 시장에 대규모 경제 위기를 가져왔다.
◦ **공유 경제** : 한번 생산된 제품을 여럿이 공유해서 쓰는 협력 소비를 기본으로 한 경제 방식. 대량 생산과 대량 소비가 특징인 20세기 자본주의 경제에 대한 비판에서 생겨났다.
◦ **협동조합** : 경제적으로 약한 위치에 있는 소생산자나 소비자가 서로 협력하여 공동출자하여 만드는 사회·경제적 공동체이다. 영리보다는 상호부조와 사회적 기여에 목적이 있다.

# 71.
# 땅에 떨어진 돈을 주워야 할까?

- 합리적 선택

『정의란 무엇인가』라는 책으로 유명한 미국 하버드 대학의 마이클 샌들 교수는 강의를 하면서 이런 질문을 던졌다.

"만약 빌 게이츠가 출근하는 길에 땅에 떨어진 100달러 지폐를 보았다면 이것을 줍는 것이 옳을까요, 줍지 않은 것이 옳을까요?"

평범한 사람들이라면 당연히 100달러 지폐를 얼른 줍는 것이 옳다고 할 것이다. 그러나 빌 게이츠라면 다르다고 마이클 샌들 교수는 말한다. 왜 그럴까?

앞서 던진 질문에 대답하려면 먼저 경제적인 선택과 관련하여 가장 중요한 경제 원리를 알아야 한다. 경제적으로 옳은 선택을 합리적인 선택이라고 한다. 합리적인 선택이란 최소의 비용으로 최대의 편익을 얻을 수 있도록 선택하는 것이다. 이때 편익이란 어떤 선택을 함으로써 얻는 금전적인 이득, 정신적인 만족감 등을 뜻한다. 비용이란 어떤 대안을 선택하기 위해 치러야 하는 돈, 시간, 자원 등의 대가(代價)를 가리킨다. 특히 우리가 특정한 상황에서 선택할 수 있는 다양한 것들 가운데 한 가지를 선택함으로써 발생하는 비용을 기회비용이라고 한다.

예를 들어 주말에 2시간의 여유가 생겨 친구와 영화를 볼까 시간당 1만

원을 받을 수 있는 아르바이트를 할까 고민하다가 영화를 보기로 했다고 가정해 보자. 이때 영화 관람이라는 선택으로 발생한 비용은 얼마일까? 단순하게 생각하면 영화관 입장료(7000원으로 가정)가 그 비용이라고 할 것이다. 그러나 곰곰이 생각해 보면, 영화를 보기 위해 포기한 아르바이트 수당 2만 원도 일종의 비용이라고 할 수 있다. 만약 영화를 보지 않고 아르바이트를 했다면 내 주머니에는 영화관 입장료 7000원과 함께 아르바이트한 대가로 받은 2만 원이 모두 들어 있을 것이기 때문이다.

이처럼 기회비용에는 눈에 보이는 금전적 비용(이를 명시적 비용이라고 한다)과 함께 그 대안을 선택하느라 포기한 다른 대안의 가치(이를 암묵적 비용이라고 한다)까지 포함된다. 흔히 경제적 선택을 하면서 암묵적 비용을 고려하지 않아 비합리적인 선택을 하는 경우가 많다.

그러면 다시 빌 게이츠의 이야기로 돌아가 보자. 빌 게이츠가 100달러를 줍는 데는 어떤 기회비용이 발생할까? 물론 100달러를 줍는 데 명시적 비용은 들지 않는다. 얼른 가서 줍기만 하면 되기 때문이다. 그러나 100달러를 줍느라 사용하는 시간을 다른 일을 하는 데 쓴다면 그 시간에 100달러보다 더 가치 있는 뭔가를 얻을 수 있지 않을까? 실제로 빌 게이츠의 재산을 계산해 보면, 그가 하루에 일정한 시간 일했다고 가정했을 때 초당 약 150달러를 벌어들인 셈이라고 한다. 따라서 만약 빌 게이츠가 돈을 주우려고 허리를 굽혔다 펴는 데 2초가 걸린다면 300달러를 포기하고 100달러를 줍는 셈이다. 이때 빌 게이츠가 포기하는 300달러가 바로 암묵적 비용이다. 이제 왜 빌 게이츠가 100달러를 줍지 않아야 하는지 이해할 수 있을 것이다. 돈을 주움으로써 얻는 편익은 100달러이지만 돈을 줍는 데 들어가는 기회비용이 최소 300달러는 될 테니, 편익보다 비용이 큰 선택

을 하는 셈이다. 경제적으로 따진다면 빌 게이츠 입장에서는 땅에 떨어진 100달러 지폐를 줍지 않고 그 시간에 자기 일에 집중하는 것이 합리적인 선택이다.

우리도 일상생활에서 끊임없이 선택을 한다. 그리고 그 선택 과정에서 편익과 비용이 발생한다. 그런데 알고 보면 우리도 합리적으로 선택하기 위해 고민을 많이 한다. 사고 싶은 물건이 있으면 '어떻게 하면 그 물건을 더 싸게 살 수 있을까?' 고민하며 인터넷 쇼핑몰에서 최저가를 검색하거나 백화점 세일 때까지 기다렸다가 싸게 구입한다. 같은 옷을 사더라도 이왕이면 비용을 낮출 수 있는 방법을 고민하고 있으니 합리적 선택을 위해 노력하는 것이다.

또 주말에 친구와 영화 한 편을 보기로 했다면 요즘 어떤 영화가 재미있는지 주변에 물어보거나 인터넷 검색을 해 보는 등 더 재미있는 영화를 고르기 위해 노력한다. 영화 한 편에 같은 비용을 지불해야 한다면 기왕이면 더 재미있는 영화, 다시 말해 편익이 높은 영화를 고르려고 하는 것이다. 이 역시 합리적 선택을 위한 노력이다. 다만, 너무 많은 시간과 노력을 들인다면 그 시간에 다른 것을 했을 때 얻을 수 있는 가치, 즉 내가 포기한 것의 가치가 지나치게 커질 수 있으니 이를 잘 따져 봐야 하지 않을까?

# 72.
# 아무도 손해 보지 않으려 한다면
# 어떻게 될까? - 합리적 선택의 한계

유제품 가공 기업인 M유업은 1999년 10월부터 선천성 대사 이상 증후군 아이들을 위한 특수 분유 8종을 만들어 오고 있다. 선천성 대사 이상 증후군이란 단백질을 구성하는 아미노산 중 특정 성분의 대사가 일어나지 않아 체내에 쌓이면서 장애를 일으키는 희귀병이다.

그런데 특수 분유는 만들수록 손해라고 한다. 분유를 자동으로 생산하는 최소 단위가 2만 개여서 어쩔 수 없이 2만 개의 특수 분유를 생산하지만, 수요가 적어서 실제로 팔리는 양은 1년에 2500개 정도밖에 안 된다. 나머지는 폐기 처분할 수밖에 없다. 만드는 과정도 쉽지 않아서, 제품별로 제한해야 하는 아미노산이 다르기 때문에 생산 설비를 세척하는 데만 종류별로 4~5시간은 걸린다. 제품을 포장하는 단계에서도 생산 물량이 적으니까 일일이 손으로 라벨을 붙여야 한다. 그런데도 M유업은 특수 분유를 10년 넘게 만들어 오고 있으며, 앞으로도 계속 만들겠다고 한다.

M유업이 만들수록 손해가 되는 특수 분유를 계속 만드는 것은 과연 옳은 선택일까? 비용−편익을 고려한 '합리성'이라는 기준에서 보면 이것은 절대 옳은 선택이 아니다. 비용은 많이 드는데 반해 편익은 이에 훨씬 못 미치기 때문이다. 따라서 합리성과 효율성의 기준으로 보면 이 회사는 특

수 분유 생산을 당장 중단하는 것이 옳은 선택이다.

그러나 사회 구성원들이 경제적 선택을 하는 데 사적인 이익만 고려한다면 우리 사회는 어떻게 될까? 공공의 이익을 증진하기 위해서는 아무도 노력하지 않을 것이다. 또한 사회를 유지하는 데 중요한 사회적 규범, 이를테면 인간의 존엄성이라든가 생명 존중과 같은 가치를 실현하기도 어려워질 것이다. 만약 M유업이 합리적으로 선택하여 특수 분유 생산을 포기한다면 대사 증후군을 앓는 아이들은 당장 생명이 위태로워진다. 소비자도 마찬가지이다. 예를 들어 지금 당장 편리하다는 이유로 일회용품을 무분별하게 사용한다면 나에게는 편리하고 효율적인 선택이겠지만 자연 생태계나 환경 측면에서 보면 심각한 문제를 가져올 수 있다.

이처럼 합리적 선택은 개별 소비자나 기업의 처지에서 보면 자신의 이익을 극대화하는 데 기여하지만, 사회 전체로 보면 바람직하지 못한 결과를 초래할 가능성이 있다. 따라서 사회 구성원들은 어떤 선택을 할 때 공공의 이익이나 지켜져야 할 사회적 규범을 고려하는 자세를 갖춰야 한다.

앞에서 살펴본 '빌 게이츠는 땅에 떨어진 100달러 지폐를 주울까?'라는 문제로 돌아가 보자. 유명 인사에게 질문을 하는 인터넷의 한 이벤트에서 미국의 어느 네티즌이 빌 게이츠에게 이에 대해 직접 물어봤다. 빌 게이츠는 뭐라고 대답했을까? 그는 "나라면 100달러를 주울 것이다. 주워서 빌 게이츠 재단에 기부하겠다."라고 말했다(빌 게이츠 재단은 빌 게이츠가 그의 재산을 기금으로 하여 설립한 복지 재단이다). 빌 게이츠가 100달러를 줍는 것은 개인적으로는 비합리적인 선택이겠지만, 빌 게이츠 같은 사람들이 자기의 시간과 비용을 희생하여 기부와 선행에 앞장서는 것은 사회 전체에 이익이 되는 행동이다.

## 73.
## 보이는 시장, 보이지 않는 시장, 어떻게 이용할까?

'시장'이라고 하면 어떤 곳을 떠올릴 수 있을까? 서울의 가락동 농수산물 시장이나 경동 약재 시장처럼 자기가 사는 지역의 유명한 시장 한두 군데쯤은 머릿속에 떠오를 것이다. 신문이나 텔레비전 뉴스를 보면 그날그날 주식 시장의 오르내림이나 부동산 시장의 동향, 국제 원유 시장의 원유 가격 등을 중요하게 다룬다. 이처럼 우리 주변에는 다양한 시장이 존재한다.

농수산물 시장에서는 생선이나 과일 같은 상품이 직접적으로 거래되며 상품과 돈이 눈앞에서 교환된다. 그래서 우리는 '시장'이라고 하면 일반적으로 농수산물 시장처럼 물건을 사고파는 행위가 이루어지는 구체적인 장소를 떠올린다. 그러나 시장의 의미는 이보다는 조금 더 넓다. 예를 들어 부동산 시장에서는 부동산 거래가 필요한 사람들이 다 같이 모여 집이나 땅을 눈앞에서 직접 주고받으며 거래하지는 않는다. 또한 '부동산 시장'이라는 간판을 달고 있는 구체적인 장소가 존재하지도 않는다. 많은 사람들이 각자 부동산을 사고파는 행위를 대략적으로 집계하여 이 모든 거래의 전체적인 움직임을 종합해 부동산 시장이라고 하며, 이때의 시장은 추상적인 의미를 가진다.

이처럼 시장이란 가치 있는 어떤 대상을 놓고 수요자와 공급자가 만나

거래하는 구체적이거나 추상적인 모든 장소를 뜻한다. 옛날과 달리 정보를 교환하는 매체가 발달하면서 시장의 종류와 거래 방식도 더욱 다양해지고 있다. 이에 따라 시장에서 거래할 때 필요한 정보와 유의해야 할 점도 늘어나고 있다. 예를 들어 요즘은 청소년들도 좋은 상품을 값싸게 구할 수 있다는 이유로 인터넷 중고 시장을 많이 이용한다. 그런데 인터넷 중고 시장은 수요자와 공급자가 직접 만나지 않고 거래가 이루어지므로 사기를 당하는 등 피해를 보지 않도록 특히 주의해야 한다.

## 편리하지만 유의할 점도 많은 인터넷 중고 시장

최근 경기가 침체되면서 인터넷 중고 시장이 활성화해 가는 추세이다. 좋은 제품을 값싸게 살 수도 있고, 사용하지 않는 물품을 중고 가게에 내다 파는 것보다 훨씬 합리적인 가격에 팔 수도 있기 때문이다. 그런데 인터넷 중고 시장이 활성화함에 따라 인터넷 사기 또한 급격히 늘고 있다. 게다가 사기 수법도 나날이 교묘해지고 지능화되고 있다. 따라서 인터넷 사기 범죄를 예방하기 위해 다음과 같은 점에 유의하도록 한다. 무엇보다 직접 만나서 거래하는 것이 가장 좋은 방법이다. 부득이하게 택배 거래를 할 때는 안전 거래를 이용한다. 안전 거래란 구매자가 안전 거래 사이트에서 결제를 해 두면 상품을 잘 받은 것을 확인한 뒤 그 사이트에서 판매자에게 대금을 지급하는 시스템이다. 마지막으로 인터넷 사기, 스미싱, 사칭 사이트 피해를 기능적으로 예방해 주는 '사이버 캅' 앱을 이용하는 것도 좋다. 사이버 캅에 판매자의 전화번호나 계좌번호를 입력하여 범죄 이력이 있는지 조회한 뒤 신중하게 거래하는 것이다. 중고 상품을 거래할 때는 싸다고 덜컥 입금하기보다는 가격이 너무 싸면 의심부터 해 보자.

－2016년 4월 14일 『경상매일신문』 참고

# 74.
# 시장이 없으면 초콜릿도 없다
## - 시장의 기능

영국의 정치 경제학자이자 윤리 철학자인 애덤 스미스의 저서 『국부론』
에 다음과 같은 유명한 구절이 나온다.

우리가 저녁 식사를 할 수 있는 것은 정육점 주인이나 양조장 주인 또는
제빵업자의 자비심 때문이 아니라 그들이 자신의 이익을 추구하기 때문이다.
사람은 누구나 생산물의 가치를 극대화하는 방향으로 자신의 자원을 활용하
려고 노력한다. 그는 공익을 증진하려고 의도하지 않으며 또 얼마나 증대할
수 있는지도 알지 못한다. 그는 단지 자신의 안전과 이익을 위해 행동할 뿐이
다. 그러나 이렇게 행동하는 가운데 '보이지 않는 손'의 인도를 받아서 원래
의도하지 않았던 목표를 달성할 수 있게 된다. 이와 같이 사람들은 자신의 이
익을 열심히 추구하는 가운데 사회나 국가 전체의 이익을 증대한다.

이 구절 중에서도 가장 유명한 부분은 아마 '보이지 않는 손'이라는 표
현일 것이다. 경제를 배우지 않은 사람도 한 번쯤은 들어 보았을 법한 '보
이지 않는 손'이란 무엇을 뜻하는 것일까?
'보이지 않는 손'의 의미를 알기 위해 머릿속으로 시장을 하나 떠올려

애덤 스미스(1723~1790). 경제학의 기초를
세웠으며 시장의 기능을 강조했다.

보자. 고기나 술, 빵을 사고파는 시장이다. 이 시장에 참여하는 사람은 자기가 만든 고기나 빵 등을 팔아서 돈을 벌려고 하는 공급자와 상품을 구입하여 맛있는 저녁 식탁을 차리려고 하는 수요자이다. 이들이 시장에 참여하는 이유는 각자 이익을 얻기 위해서이다. 생산자는 시장에서 좀 더 비싸게 잘 팔리는 상품을 생산하는 것이 이익이고, 소비자는 더 좋은 상품을 싼 가격에 사는 것이 이익이다.

따라서 품질이 비슷한 상품을 생산자가 너무 비싸게 팔려고 하면 소비자는 이를 외면할 것이고, 반대로 소비자가 너무 싸게 사려고 하면 생산자가 이를 외면할 것이다. 시장에 참여한 다수의 생산자와 소비자는 가격이라는 신호 아래 자신에게 가장 이익이 되는 선택을 하는 것이다. 마치 도로 위에 있는 많은 차들이 교통 신호에 따라 일사불란하게 움직이는 것과 같은 원리이다. 시장에서는 누구에게 어떤 물건을 어떻게 만들라든지, 누구에게 얼마에 판매하라는 지시를 아무도 내리지 않는다. 그래도 시장은 원활하게 잘 돌아간다. 애덤 스미스는 이와 같은 가격의 시장 조절 기능을 '보이지 않는 손'이라고 표현했다.

한편, 시장은 우리가 가진 한정된 자원을 효율적으로 이용할 수 있게끔 유도하는 기능을 한다. 시장에 가격이 비슷한 상품이 여럿 있다면 소비자는 당연히 더 품질이 좋은 상품을 선택할 것이다. 또는 품질이 비슷한 상품이 여럿 있다면 가격이 조금이라도 더 싼 상품을 선택할 것이다. 따라서 생산자는 상품을 팔기 위해서 가능한 한 생산비를 적게 들여 좋은 상품을 만들려고 노력한다. 가장 적은 비용을 들여서, 즉 가장 적은 자원을 활용해서 가장 좋은 상품을 만들려고 노력하는 것이다.

이 밖에 시장은 시장 참여자들에게 정보를 제공하는 기능도 한다. 생산자나 소비자들이 합리적인 선택을 하려면 상품의 가격과 품질에 관한 정보가 필요하다. 시장은 이러한 정보가 모여드는 곳이다. 예를 들어 우리가 인터넷으로 상품을 구매하고 싶으면 인터넷 쇼핑몰이라는 시장에서 가격을 비교하고 상품 평도 읽어 보면서 정보를 모은다. 정보를 많이 알고 거래를 하면 더 효율적인 선택을 할 수 있기 때문이다.

또한 시장은 시장 참여자들의 거래 비용을 낮추는 기능도 한다. 거래 비용이란 거래하는 데 소모되는 비용을 말한다. 구체적으로는, 거래하기 위한 정보를 모으고, 거래 당사자를 찾아가 만나며, 가격을 협상하는 등 거래를 성사시키기 위해 필요한 모든 비용을 가리킨다. 만약에 시장이 없다면 우리는 거래하고자 하는 사람을 알아내어 그 사람이 있는 곳까지 직접 가서 일일이 적절한 가격으로 협상을 해야 할 것이다. 초콜릿을 먹고 싶으면 카카오를 구하러 열대 지방까지 비행기를 타고 가서 카카오를 사다가 직접 가공하여 초콜릿을 만들어야 한다. 그렇지만 시장이 있기 때문에 우리는 이런 번거로운 일을 할 필요가 없다.

# 75.
# 시장의 한계는 무엇일까? ①
## - 시장 실패

버스나 지하철을 탈 때 돈을 내지 않고 슬쩍 타는 것을 무임승차라고 한다. 그런데 이 말을 경제학에서도 사용한다.

예를 들어 한 마을 어귀에 주민들이 이용하는 골목길이 있다고 상상해 보자. 그 골목은 몹시 어두워서 지나가는 사람들이 모두 불편을 겪고 있다. 모든 이에게 가로등이 필요하지만 아무도 가로등을 설치하지 않는다. 왜 그럴까?

일단 가로등을 설치하고 유지하려면 개인이 감당하기에는 너무 큰 비용이 들어가기 때문이다. 또한 누군가 가로등을 설치했을 때, 가로등 주인은 다른 사람이 가로등 불빛 아래를 지나간다고 해서 그것을 막을 수도 없다. 그래서 결국은 다들 '누가 가로등을 설치해 주면 공짜로 이용해야지.' 라는 생각을 할 뿐 직접 설치하려고 나서지 않는다.

이때 비용을 들이지 않고 편익을 얻는 것을 경제학적으로 '무임승차'라고 한다. 합리적 선택의 원리에 따르면 무임승차를 하는 것이 개인에게 효율적인 행동이다. 따라서 시장의 자유로운 선택에 맡기면 막대한 비용과 무임승차 문제 때문에 가로등이나 공원, 국방이나 치안처럼 모두 함께 이용하는 편의 시설이나 서비스(경제학적으로 이를 공공재라고 한다)가 충분히 생산되지 못한다. 이 때문에 시장에서는 항상 공공재가 부족한 현상이 나타난다. 공공재는 모두에게 필요한 것인데 생산이 부족하니, 이는 꼭 필요한 곳에 자원이 적절히 사용되지 못하는 것을 뜻한다. 즉, 시장이 '자원의 효율적인 사용과 배분'이라는 본래 기능을 다하지 못하는 것이다.

공공재 부족 현상과 함께 시장에서 나타나는 또 다른 비효율성의 문제로 독과점의 횡포를 들 수 있다. 시장의 공급자들이 서로 자유로운 경쟁을 해야만 더 품질 좋은 상품을 더 싼 가격에 만들려고 노력할 수 있다. 그러나 시장에 공급자가 적거나 공급자들끼리 서로 담합하면 더 이상 좋은 상품을 값싸게 만들기 위해 노력할 필요가 없다. 소비자들 처지에서는 독과점 기업이 아니면 상품을 구할 곳이 없기 때문에 질이 나쁘거나 비싼 상품도 울며 겨자 먹기로 구입할 수밖에 없다. 자유로운 경쟁이 이루어지면 적은 자원으로 좋은 상품을 만들어 자원이 효율적으로 사용될 텐데, 독과점 상태에서는 그것이 불가능하다.

환경 오염 같은 문제도 시장의 비효율성이 나타나는 부분이다. 생산자나 소비자 처지에서 자연환경은 특별한 비용을 들이지 않고 이용할 수 있는 자원이다. 그래서 자신의 이익을 위해 환경을 파괴하는 생산이나 소비를 하기 쉽다. 예컨대 공장 굴뚝에서 나오는 매연을 걸러서 깨끗하게 내보내려면 비용이 많이 들지만 그냥 내보내면 비용이 들지 않는다. 그러니 합리적 선택을 하는 생산자라면 당연히 매연을 그냥 배출해 버리는 선택을 할 것이다. 산업 혁명 시기에 런던을 자욱하게 뒤덮었던 스모그는 이런 선택의 결과라고 할 수 있다.

그러나 기업가들이 이런 선택을 하면 정말 비용이 들지 않을까? 환경이 파괴되어 사람들의 건강이나 생존이 위협받으면 결국 이 문제를 해결하기 위해 사회적인 비용을 들일 수밖에 없다. 개인 처지에서 보면 환경을 오염시키면서 생산하는 것이 비용을 절감하는 합리적인 선택이지만, 사회 전체의 비용까지 고려하면 사실은 비용이 엄청나게 많이 드는 비합리적인 선택인 것이다.

예를 들어, 어느 제약업체가 약품을 생산할 때 나오는 폐수를 강물에 버리는 바람에 그 강물을 마신 사람들이 집단으로 병에 걸리거나 죽게 되었다고 가정해 보자. 이런 상황에서는 제약업체가 만들어 낸 약으로 살리는 생명보다 죽는 생명이 더 많을 수 있다. 그렇다면 차라리 상품 생산을 중단하는 것이 더 효율적인 선택이다. 그러나 시장의 개별 참여자는 이러한 사회적인 비용을 고려하지 않기 때문에 자신의 이익을 위해 계속 상품을 생산한다. 비효율적인 선택이 계속 일어나는 것이다.

앞에서 시장은 자원이 꼭 필요한 곳에 효율적으로 사용되게 하는 기능을 가진다고 했다. 그러나 위에서 살펴본 바와 같이 시장을 통한 의사 결정도 때로는 비효율적일 때가 있다. 시장이 본래 기능을 다하지 못한다는 뜻이다. 이러한 시장의 한계를 경제학자들은 '시장 실패'라고 이름 지었다.

# 76.
# 시장의 한계는 무엇일까? ②
- 빈부 격차

10여 년 전, 일본의 어느 경제 연구소에서 중국의 빈부 격차가 폭동을 유발할 수 있는 위험 수준에 이르렀다는 보고서를 낸 적이 있다. 이에 따르면 2006년 중국의 지니 계수 는 0.47로 위험 경계선인 0.4를 훨씬 초과한 것으로 나타났다. 사회학자들은 지니 계수가 0.4를 넘으면 사회 갈등을 유발할 수 있다고 본다. 개혁 개방 정책을 시행하기 이전 중국의 지니 계수는 0.2 수준으로, 사회가 꽤 평등한 상태였다. 그러나 1990년대에 시장 경제의 요소를 대대적으로 받아들인 뒤 중국의 빈부 격차는 매우 커졌다.

그런데 위와 같은 빈부 격차 문제는 중국이라는 개별 국가의 문제라기보다는 시장 경제가 안고 있는 구조적인 문제라고 할 수 있다. 시장 경제는 자유로운 경제 활동과 경쟁을 바탕으로 움직인다. 즉, 시장 경제에서는 누구나 능력에 따라 직업이나 경제 활동 등을 자유롭게 선택할 수 있고, 자기가 얻은 경제적인 부는 개인의 사유 재산으로 인정된다. 자기가 노력한 만큼 자기 것으로 만들 수 있기 때문에 시장 경제는 누구나 최선을 다해 경제 활동을 하게끔 유도하며, 이는 합리적인 선택과 자원의 효율적 배

---

**지니 계수** : 소득의 불평등 정도를 나타내는 0부터 1 사이의 수치. 0.4를 넘으면 '꽤 불평등한 상태', 0.6을 넘으면 '매우 불평등한 상태'를 나타낸다.

분을 가능하게 해 준다. 이는 시장이 지닌 훌륭한 미덕이다.

문제는 사람마다 가진 자원의 종류와 질이 제각각이라는 데 있다. 어떤 사람은 농사짓기에 적합한 넓은 땅을 가지고 있거나 많은 사람을 고용할 수 있는 자본이 있어서 농산물을 대량으로 생산해 큰돈을 벌 수 있다. 그러나 땅을 갖고 있지 않거나 인부를 고용할 수 없는 사람들은 남의 땅에서 일해 주고 돈을 받거나 다른 사람에게 땅을 빌리고 그만큼 임대료를 줘야 하기 때문에 많은 돈을 벌기가 힘들다. 이 때문에 소득의 불균형, 즉 빈부 격차가 나타난다. 빈부 격차가 심해지면 사회적 갈등과 대립이 늘어난다. 그러나 시장은 이런 문제를 스스로 해결하지 못한다. 그래서 빈부 격차 문제를 시장이 안고 있는 구조적 한계라고 하는 것이다.

## 시장 경제가 안고 있는 또 다른 문제 - 실업, 인플레이션

빈부 격차 문제 외에 실업이나 인플레이션처럼 경제 전반적으로 일어나는 거대한 위기를 시장은 스스로 해결하지 못한다. 예를 들어 인류 최대의 풍요를 안겨 주었다는 산업 혁명 이후, 자유 시장 경제를 표방하던 세계 경제가 대공황이라는 위기를 맞자 실업자들이 거리로 쏟아져 나왔지만 시장은 그 문제를 스스로 해결하지 못했다. 인플레이션도 마찬가지이다. 인플레이션이란 물가가 계속해서 큰 폭으로 오르는 현상을 말한다. 경제 주체들에게 물가 상승은 고통이 따르는 일이다. 소비자는 말할 것도 없고 생산자로서도 상품 판매량은 줄고 각종 생산 요소의 가격 부담이 커지기 때문이다. 이런 문제를 해결하려면 시장에 새로운 대안이 필요하다. 그래서 이를 실행할 수 있는 강력한 경제 주체가 필요한데, 그 역할을 담당하는 것이 바로 정부이다.

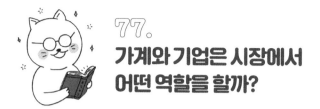

# 77.
# 가계와 기업은 시장에서 어떤 역할을 할까?

영우는 고등학교 1학년 남학생이다. 영우 아빠는 A 자동차 회사에 다닌다. 아빠는 회사에서 생산한 차를 구입하여 출근하며 매일 아침 영우를 학교에 데려다준다. 영우 엄마는 영우 아빠가 회사에서 받는 월급으로 알뜰하게 살림을 한다. 영우 엄마는 값싸고 질 좋은 상품을 사기 위해서라면 멀리 재래시장까지 가는 것도 마다하지 않는다. 이렇게 아낀 돈으로 영우 엄마는 다달이 적금을 붓는다. 적금이 모이면 만기 때 받은 이자까지 다시 저축한다. 영우 엄마가 적금을 붓고 있는 은행은 영우 아빠가 다니는 자동차 회사의 주거래 은행이기도 하다. 영우 할아버지는 오랫동안 농사를 지었는데, 최근 할아버지가 농사짓던 땅에 큰 공장이 들어서게 되어 공장에 땅을 임대해 주었다. 알고 보니 그 공장은 A 자동차 회사에 부품을 공급하는 업체라고 한다.

시장이 유지되는 데 가장 기본적인 참여자는 가계와 기업이다. 가계와 기업은 시장을 가운데에 두고 여러 가지 연결 고리로 서로 얽혀 있다. 영우네의 모습에서 그 연결 고리가 무엇인지 생각해 보자.

A 자동차 회사는 자동차 생산자로서 시장에 상품을 공급하는 역할을 한다. 또한 영우네가 자동차를 구입해 주었기 때문에 A사는 자동차를 판매하

여 돈을 벌 수 있다. 반대로, A사가 자동차를 시장에 공급해 주었기 때문에 영우네는 자동차를 타고 다니는 편리함을 누릴 수 있다. 이처럼 영우네 가정과 A사는 '자동차'라는 상품을 통해 서로 연결되어 있다.

한편, 영우네가 A사의 자동차를 구입하는 데 든 돈은 영우 아빠가 A사의 자동차 생산에 참여한 대가로 받은 것이다. 그리고 영우 엄마가 은행에 맡긴 돈은 A사가 필요할 때 은행에서 대출받는 자본이 된다. 또한 영우 할아버지가 농사짓던 땅은 자동차를 생산하는 과정에서 필요한 토지로 제공되었다. 영우네는 이처럼 기업에 노동력과 자본, 토지를 제공하여 그 대가로 임금과 이자, 지대를 받는다. 영우네 가정과 A사는 자동차 생산을 위한 생산 요소˙라는 매개체를 통해 서로 이어져 있는 것이다.

영우네 가정과 같은 가계는 상품 시장에서 소비자로 시장에 참여한다. 또한 생산 요소 시장에서는 공급자 역할을 담당한다. A사와 같은 기업들은 상품 시장에서 공급자로 시장에 참여한다. 또한 생산 요소 시장에서는 수요자 역할을 담당한다. 가계와 기업의 이 같은 촘촘한 연결 고리 중 어느 하나만 끊어져도 시장은 작동할 수 없다.

그렇다면 가계와 기업이 시장 참여자로서 갖춰야 할 바람직한 모습은 어떤 것일까? 우선 기업은 기업가 정신을 바탕으로 위험을 감수하더라도 새로운 투자나 혁신을 통해 변화를 이루려고 노력해야 한다. 이러한 정신이 갖춰졌을 때 새로운 생산 방식이나 상품 등을 개발하여 경제 발전에 기여할 수 있기 때문이다. 또한 기업은 이윤 추구라는 목적과 함께 사회 구

---

● **생산 요소**: 생산에 투입되는 모든 경제적 자원을 말한다. 전통적으로 생산 요소는 자연 자원(토지), 인적 자원(노동), 물적 자원(설비나 장비)으로 분류된다. 생산 조직을 관리하는 기업가 능력을 제4의 생산 요소로 꼽기도 한다.

## 가계와 기업의 역할

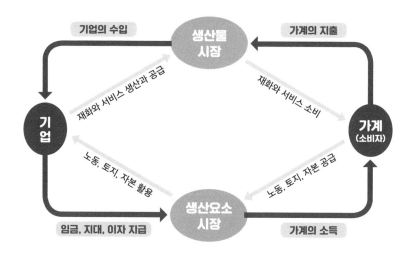

성원으로서의 책임을 인식하여 공익을 추구해야 한다. 특히 생산 활동에 참여하는 노동자들에게 정당한 임금을 주고 인간적인 노동 환경을 제공하는 등 노동자 인권을 보호하기 위해 노력해야 한다. 그러려면 법과 윤리를 준수하고 기업의 사회적 책임을 늘 인식해야 한다.

가계는 상품의 소비자로서 다양한 상품에 대한 정보를 모아서 합리적인 소비를 하고, 소득 수준을 고려해 과소비를 하지 않도록 해야 한다. 기업이 환경을 파괴하는 생산 행위를 하거나 소비자에게 횡포를 부릴 때는 이를 감시하고 개선을 요구하는 등 소비자 주권을 실현하기 위해 노력할 필요가 있다. 또한 기업이 사회 구성원으로서 책임을 인식하듯이 소비자도 노동자 인권이나 환경 등을 고려하는 윤리적 소비를 실천해야 한다. 한편, 가계는 노동자로서 보장받아야 할 기본 권리를 정확히 알고 적절한 임금과 근로 시간, 근로 조건 등을 요구할 수 있어야 한다. 더불어 노동자로서 자기 일에 책임을 다하고 기업의 발전을 위해 함께 노력하는 태도를 길러야 한다.

## 시장 참여자 🐤

시장 참여자는 가계와 기업, 정부로 구성된다. 가계는 시장에서 상품을 구매하는 소비자를 말한다. 소비자는 일반적으로 한 가정을 이루어 공동 소비를 하므로 가계라고 일컫는 것이다. 기업은 시장에 상품을 공급하는 생산자를 말한다.

그런데 시장에는 가계와 기업이 해결하지 못하는 경제적인 문제도 많다. 시장 실패나 빈부 격차, 실업, 인플레이션 같은 것들이다. 정부는 이런 문제를 해결하는 정책을 세우고 정부 예산을 집행하는 역할을 통해 시장에 참여한다.

# 78.
# 정부는 시장에서 어떤 역할을 할까?

영우 아빠는 B 자동차 회사에 다니다가 10년 전 지금 회사인 A사로 옮겼다. B사가 경영이 어려워지자 인력을 감축하면서 영우 아빠도 일자리를 잃었다. 그때 영우 아빠는 여섯 달이 넘게 실업 상태로 지냈지만, 실업 연금을 받으면서 직장을 열심히 구한 끝에 다행히 지금 회사로 옮겨 올 수 있었다.

한편, A사의 생산 공장은 큰 항구 근처에 있다. 생산한 자동차를 거의 대부분 수출하기 때문이다. 그래서 영우 아빠는 서울에서 공장까지 비행기를 타고 자주 출장을 간다. A사에서는 법이 정한 기준에 따라 자동차를 생산한다. 특히 최근에는 자동차 엔진에서 배출되는 매연에 대한 기준이 엄격해짐에 따라 매연 저감 장치를 개발하는 데 많은 노력을 쏟고 있다. 작년에는 경쟁사인 B사, C사와 비슷한 시기에 새로운 자동차를 출시했는데, 회사들끼리 가격 경쟁을 하지 않기 위해서 자동차 출시 가격을 서로 비슷하게 합의한 것이 발각되어 많은 과징금을 물기도 했다.

영우 아빠와 A사의 경제 활동이 이루어지는 과정에서 겉으로 드러나지는 않지만 실제로는 정부가 중요한 역할을 하고 있다. 아빠가 실직했을 때 제공받은 실업 연금은 개인에게 닥친 실업 문제를 해결하기 위해 정부가 마련한 복지 정책이다. 또한 회사가 생산한 자동차를 수출할 때 이용하는 항구, 아빠가 출장을 갈 때 이용하는 공항 등은 모두 정부가 만들어서 제공한 것이다. 매연이 덜 나오는 자동차 생산을 강제하는 법 규정도 정부가 제정하여 시행하는 것이며, 자동차 회사들이 가격을 담합하지 않도록 규제하는 일 또한 정부가 담당한다.

시장에서 정부의 역할이 얼마나 중요한지 증명한 사례로 대공황기에 미국 정부가 시행한 뉴딜 정책을 들 수 있다. 당시 미국 대통령 루스벨트가 경제학자 케인스의 이론을 받아들여 수립한 뉴딜 정책의 핵심은 정부가 적극적으로 경제에 개입하여 기업의 생산 활동을 조절하고, 정부 자금을 대거 투입하여 공공사업을 벌임으로써 실업자들에게 일자리를 제공하는 것이었다. 또한 실업 보험과 최저 임금제를 시행하는 등 노동자들의 권리를 보장하여 고용의 안정성을 높이려 했다. 이러한 뉴딜 정책 덕분에 미국 경제가 대공황의 수렁에서 서서히 벗어날 수 있었다.

앞에서 우리는 시장의 한계로 시장 실패, 빈부 격차, 실업과 인플레이션 같은 문제를 살펴보았다. 이러한 문제들은 시장 경제 체제의 구조적인 문제이기 때문에 개인이 해결할 수 없다. 정부는 이러한 문제를 맡아서 해결하고 경제 전반을 조정하는 역할을 한다. 그러기 위해 정부는 독점 기업의 횡포나 담합 행위를 규제하며 불공정한 거래 행위를 단속하고 처벌한다. 또한 시장에서 충분히 생산되지 못하는 공공재 생산을 담당하여 교육이나 국방·치안 등의 공공 서비스를 제공하기도 한다. 빈부 격차를 최소화하고 공정한 경쟁이 가능하게끔 각종 제도와 법률을 제정해 시행하는 역할 또한 정부가 맡고 있다.

그 밖에도 정부는 시장 경제 체제에서 경제적 약자인 노동자의 권리를 보호하고, 이를 위해 법률을 제정해 시행한다. 더불어 실업, 인플레이션 같은 급격한 경기 변동에 따른 시장의 충격을 완화하기 위해 실업자를 구제하고 일자리를 창출하는 정책을 시행하고, 물가를 적정한 수준으로 관리하는 대책을 만들어 시행하기도 한다. 이와 같은 일들을 하려면 많은 비용과 인력이 필요한데, 정부는 이를 마련하기 위해 가계와 기업으로부터 세금을 거둬들인다.

**정부 · 가계 · 기업의 역할**

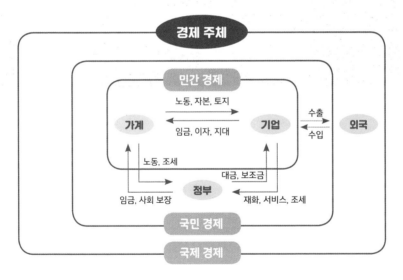

# 79.
# 무역은 왜 필요할까?

대형 슈퍼마켓에서 외국산 과일을 고르는 소비자

요즘 시장이나 대형 슈퍼마켓에 가 보면 판매대에 각종 외국산 과일들
이 우리나라 과일만큼이나 많이 진열되어 있다. 과일뿐 아니라 다른 농산
물, 각종 공산품도 마찬가지이다.

우리나라의 식량과 곡물 자급률 추이를 살펴보면, 2014년 기준으로 우
리나라 사람들이 먹는 식량 중 국내에서 생산한 것은 절반이 채 안 된다.

공산품은 10개 중 3개가 외국산이라
는 통계까지 있다. 생각보다 많은 상
품을 외국에서 수입하고 있는 것이
다. 그러나 이것은 우리나라만의 일
은 아니다. 전 세계 대부분의 나라들
은 그 규모가 크건 작건, 정치적·경
제적 상황이 어떻든 간에 모두 무역
을 하고 있다.

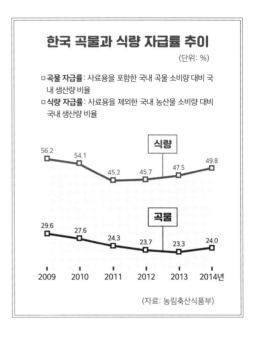

무역을 하려면 한 지역에서 생산
한 상품을 배나 비행기 등에 싣고 먼
거리를 이동해 다른 나라로 가져가야
한다. 그리고 수입된 상품은 국산품
과는 다른 복잡한 검역과 검사 절차를 거쳐야 한다. 때로는 무역과 관련하
여 각종 분쟁이 일어나기도 한다. 우리나라에서는 쌀 시장 개방이나 미국
산 쇠고기 수입 문제와 관련하여 국내적으로 큰 대립과 갈등이 빚어지기
도 했다. 또한 미국 정부가 한국산 자동차의 미국 수출 가격이 한국 내에
서의 가격보다 지나치게 싸게 책정되었다(이를 덤핑이라고 한다)며 강력히
제재하고 한국이 이에 반발하면서 이 문제를 국제 무역 재판소까지 가져
간 적도 있었다. 이와 같이 무역은 매우 번거로운 일인데 왜 전 세계 모든
나라들은 무역을 하고 있을까?

답은 간단하다. 앞에서 배운 합리적 선택의 원리를 떠올려 보자. 무역을
하느냐 마느냐, 어떤 상품을 수출 또는 수입하느냐 하는 것도 경제적 선택
의 문제이다. 그러므로 전 세계 국가들은 무역과 관련하여 비용과 편익을

고려한 합리적 선택을 한다. 먼저 한 나라의 소비자 처지에서 보면, 무역을 통해 값싸고 다양한 상품이 들어와 국내 시장에서 거래되니 선택의 폭이 넓어 만족감이 높아진다. 또한 같은 상품이라도 외국에서 생산한 값싼 상품을 골라 살 수 있으니 비용도 절감할 수 있다.

무역은 소비자뿐 아니라 생산자에게도 이득을 준다. 우선 생산 요소를 품질이 더 좋거나 더 값싼 것으로 확보할 수 있다. 또한 상품 판매 시장이 넓어져 더 큰 이윤을 얻을 수 있는 기회도 생긴다. 나라 전체로 보면 이러한 생산 활동은 경제가 성장하는 원동력이 되기도 한다. 경제적으로 합리적 판단을 하는 국가라면 이런 이점이 있는데도 무역을 하지 않을 리가 없다. 이와 같은 이유에서 국가 간에는 무역이 발생하며 무역을 통해서 세계는 자원을 효율적으로 배분하고 활용할 수 있는 것이다.

그런데 여기서 한 가지 의문이 생긴다. 왜 똑같은 상품을 어떤 나라는 싸게 생산하고 다른 나라는 비싸게 생산할 수밖에 없을까? 그것은 그 나라가 놓인 경제적 상황이 다르기 때문이다.

# 80.
## 국가별 상품 생산비에 무엇이 어떤
## 영향을 줄까? -자원, 노동, 자본의 지역적 분포 차이

'세계의 공장'이라고 불리는 나라가 있다. 이 나라는 해외에서 수입한 부품이나 재료 등을 조립·가공해서 상품을 만들어 내는 제조업을 바탕으로 최근 20~30년 동안 급격한 경제 성장을 이룩했다. 바로 중국이다. 상품 개발이나 디자인 같은 작업은 선진국에서 직접 하고, 공장은 중국에 세워 상품을 생산한 뒤 해외로 수출하는 방식이 급격히 늘어나면서 중국에 붙은 별명이 바로 '세계의 공장'이었다.

그렇다면 중국이 세계의 공장 구실을 할 수 있는 이유는 무엇일까? 다시 말해 중국이 상품 생산에서 다른 나라들보다 특별히 유리한 점은 무엇이었을까? 그것은 바로 중국의 어마어마한 인구이다. 인구가 많고 선진국보다 물가가 낮은 중국은 그만큼 인건비도 저렴했다. 그 덕분에 같은 상품을 더 저렴하게 생산할 수 있었다. 그런데 요즘은 중국 경제가 성장함에 따라 물가가 오르고 인건비도 오르면서 '세계의 공장'이 다른 곳으로 이동하고 있다고들 한다. 중국 다음으로 세계의 공장이 될 나라는 어떤 나라들일까? 아마 중국보다 인건비가 더욱 저렴한 나라들일 것이다.

하나의 상품을 생산하려면 여러 가지가 필요하다. 상품의 재료, 공장 건물이나 기계, 그리고 이 설비를 작동하며 공장에서 일할 노동력도 필요하다. 그런데 나라마다 보유하고 있는 생산 요소의 종류와 양이 다양하다. 또한 각 나라가 보유하고 있는 기술의 종류와 수준도 다르다. 이 가운데 어떤 생산 요소와 기술을 가지고 있느냐에 따라 어떤 상품의 생산에 유리한지가 달라진다. 중국처럼 값싼 노동력을 많이 보유한 나라도 있고, 지하자원 등 각종 천연자원을 많이 보유한 나라도 있다. 인건비도 비싸고 자원도 부족하지만 기술 수준이 뛰어난 나라도 있다. 이러한 상황의 차이 때문에 같은 종류의 상품을 생산하더라도 나라마다 생산비가 달라질 수밖에 없다.

우리나라 경제가 지금처럼 발전하기 전인 1960년대에 주요 수출품 중에 '가발'이 있었다. 가발은 머리카락을 한 올 한 올 손으로 직접 심어서 만들기 때문에 노동력이 매우 많이 필요하다. 우리나라는 선진국들보다 인건비가 매우 낮아서 가발 생산에 유리했다. 그래서 가발을 생산해서 수출하고, 그 대신 자동차나 전자 제품처럼 발달된 기술이 필요한 상품은 대부분 일본이나 미국 같은 나라에서 수입했다.

그런데 현재 우리나라는 그때와는 반대로 가발을 수입하고 자동차나 전자 제품을 수출한다. 물론 지금도 직접 가발을 생산할 수 있지만 그럴 필요가 없다. 인건비가 저렴하여 가발을 값싸게 생산할 수 있는 다른 나라에서 수입해 오는 것이 경제적으로 훨씬 합리적인 선택이기 때문이다.

이처럼 아무리 자기 나라에서 생산할 수 있는 상품이라 해도 직접 생산하는 것보다 해외에서 만든 상품을 수입하는 것이 더 경제적인 경우가 많다. 그 결과 나라마다 자국에 유리한 상품 생산에 집중하게 되는데, 이것을 '특화'라고 한다. 특화한 상품을 서로 교환하면 거래 당사국 모두가 이득을 볼 수 있다. 합리적인 경제 주체라면 당연히 자기에게 이득이 되는 선택을 할 것이다. 바로 무역 말이다.

# 81.
# 오늘날 국제 무역 규모는 어떻게 변하고 있을까?

역사를 잘 모르는 사람도 '쇄국 정책'이라는 말은 들어 본 적이 있을 것이다. 쇄국(鎖國)이란 자물쇠로 국가의 문을 닫아건다는 뜻이다. 조선 후기 흥선 대원군 이하응을 중심으로 한 보수 지배 세력은 서양과 교역을 엄격히 금하고 나라의 문을 굳게 닫아거는 쇄국 정책을 펼쳤다.

그런데 오늘날 우리나라는 세계적인 무역 대국 중 하나가 되었다. 국토가 좁고 자원이 부족하며 인구도 많지 않은 우리나라는 경제 성장을 위해서 적극적인 무역 정책을 실시해 왔다. 다른 나라에서 각종 자원과 원료를 수입하여 이를 가공한 상품을 생산한 뒤 넓은 해외 시장에 내다 팔아 돈을 벌어들여 기업과 국가 경제가 성장해 온 것이다. 이에 따라 우리나라의 국제 교역량은 엄청나게 증가해 왔다. 그런데 이것은 우리나라뿐 아니라 전세계적인 추세였다. 다음 장의 그래프를 보면 그 변화를 확인할 수 있다. 국제 사회에서는 무역 등의 국제 거래가 꾸준히 증가해 왔으며, 이 같은 추세는 앞으로도 이어질 것이다.

이처럼 무역이 증가하는 요인으로는 우선 국제 사회가 점점 개방되어 가는 점을 들 수 있다. 옛날에는 이념적인 이유나 지리적인 문제 때문에 폐쇄적인 경제생활을 하는 나라도 많았다. 그러나 오늘날 대부분의 나라

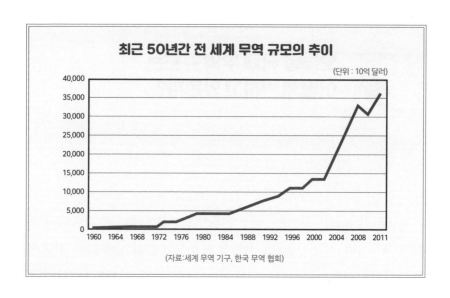

에서는 개인의 자유로운 경제적 선택을 보장하며, 이윤 추구를 위한 다양한 경제 교류를 보장하고 있다. 여기에 교통·통신의 발달로 다른 나라와의 교역이 훨씬 쉬워지면서 세계 각국의 교류가 더욱 활발해지고 있다.

국제 사회의 무역이 증가하는 또 다른 이유로는 자유 무역을 촉진하는 국제적인 흐름을 꼽을 수 있다. 오늘날 국제 사회에는 세계 무역 기구(WTO) 등을 통해 자유 무역을 장려하는 경제 질서가 자리 잡고 있다. 이에 따라 자유 무역에 방해가 되는 개별 국가의 정책, 예를 들면 다른 나라에서 수입하는 상품에 지나친 제재를 가하거나 높은 관세를 부과하는 등의 정책은 강력하게 규제하고 있다. 이와 같은 상황에서 각 나라는 원하든 원치 않든 다른 나라에 대한 무역 장벽을 낮출 수밖에 없다. 우리나라에서도 국내 산업을 보호하고 경제적 자주성을 지켜야 한다는 등의 이유로 자유 무역과 국내 시장 개방을 반대하는 격렬한 움직임이 있었지만, 결국 점점 개방이 확대되는 방향으로 변화해 온 것이 사실이다. 그 변화에 대한 평가는 관점에 따라 다를 수 있지만, 오늘날 자유 무역이라는 흐름을 거스르기는 현실적으로 불가능하기 때문에 전 세계 나라들은 유럽 연합이나 동남아시아 국가 연합(ASEAN) 같은 지역 경제 협력체를 결성하여 경제 통합을 추진하거나, 국가별로 자유 무역 협정(FTA)을 맺어 국제 거래에서 자국의 이익을 증진하고자 노력해 왔다. 그런데 최근 영국이 유럽 연합에서 탈퇴하려는 움직임을 보이고, 미국·중국 등의 경제 대국들이 자국의 이익을 위해 다른 나라와의 무역 거래에서 제재를 강화하는 등의 조치를 취하면서 국제 무역의 양상도 변화할 것이라는 예측이 나오고 있다.

## 82.
## 무역의 확대는 우리 삶에
## 어떤 긍정적인 영향을 끼칠까?

얼마 전 큰 인기 속에 방영된 드라마 〈응답하라 1988〉에는 남자 주인공이 대회상품으로 받은 과일 바구니에서 바나나 하나를 꺼내 짝사랑하는 여자 주인공에게 건네는 장면이 나온다. 바나나를 받은 여자 주인공은 몹시 들떠서 즐거워하고, 주변 사람들도 무척 신기하게 바라본다. 이런 장면이 연출된 것은 그 무렵 우리나라에서 바나나가 귀한 과일이었기 때문이다. 요즘 바나나 가격은 한 송이에 몇천 원 정도이지만, 1988년께 바나나는 한 개에 1000원 정도였다. 당시 자장면 한 그릇이 700~800원 정도였다니 바나나 한 개가 자장면 한 그릇보다 비쌌고, 지금으로 치면 바나나 한 개에 6000~7000원이라는 계산이 나온다. 값도 비쌌지만 쉽게 구할 수도 없었다. 지금처럼 외국 상품을 수입하기가 쉽지 않았고 관세도 무척 높았기 때문이다. 그러나 자유 무역의 흐름 속에서 외국과 무역이 수월해지고 교역량도 늘어남에 따라 이제 바나나는 우리 주변에서 쉽게 구할 수 있는 비교적 싼 과일이 되었다.

바나나의 경우에서 보듯이 국제 무역이 증대하면서 소비자는 재화나 서비스를 더욱 값싸고 풍요롭게 소비할 수 있게 되었다. 예전에는 구경조차 하기 힘들었던 상품을 이제는 소비할 수도 있게 된 것이다. 야콘 냉면, 콜

라비 깍두기, 렌틸콩 밥처럼 이름도 낯선 외국산 식재료로 만든 음식들이 소비자의 흥미를 자극한다.

무역의 확대는 소비뿐 아니라 생산 측면에도 긍정적인 영향을 끼칠 수 있다. 국제 무역이 확대되면 기업들은 국내의 기업은 물론 외국 기업과도 경쟁을 해야 한다. 이 과정에서 기술 개발, 품질 향상 등을 위해 노력하게 되어 기업의 생산성과 효율성이 높아질 수 있다.

사회적으로도 국가 사이의 교류가 확대되면서 새로운 아이디어나 기술이 전파되어 각 나라 국민들 삶의 질이 더 높아지는 결과를 가져올 수 있다. 옛날에는 아궁이에 불을 때어 삼시 세끼 밥을 해 먹는 데 많은 시간을 썼다. 그런데 일본에서 전기밥솥이 만들어져 하루에 한 번만 밥을 해도 온

종일 따뜻한 밥을 먹을 수 있게 되자 우리나라에서도 1970년대에 일본산 전기밥솥이 선풍적인 인기를 끌었다. 전기밥솥뿐만 아니라 세탁기·냉장고·진공청소기처럼 집안일의 노고를 덜어 주는 다양한 가전제품이 선진국에서 개발되어 세계 각국에 수출되었다. 우리나라도 이러한 가전제품을 많이 수입했는데, 최근에는 기술이 발달해서 이런 상품들을 만들어 수출하고 있다. 아무튼 이렇게 편리한 가전제품이 생산되어 무역을 통해 전 세계에 확산되면서 가사 노동의 부담이 줄어들고, 인류는 남는 시간을 여가에 활용할 수 있게 되었다. 특히 여성의 삶의 질이 많이 높아졌는데, 어떤 이는 세탁기의 발명과 전파가 여성의 인권에 가장 크게 기여한 사건이라고 평가하기도 한다. 이처럼 무역은 문화를 더욱 풍부하게 하고 삶의 질을 높이는 요인이 되기도 한다.

# 83.
# 무역의 확대는 우리 삶에 어떤 부정적인 영향을 끼칠까?

귤은 제주도를 대표하는 과일이면서 우리나라의 대표적인 겨울 과일로 사랑받아 왔다. 귤은 조선 시대에는 임금님에게나 바치는 귀한 과일이었다. 그러나 일제 강점기에 일본 귤이 수입되면서 제주 귤은 거의 자취를 감추다시피 했다. 그러다가 해방 후 일본 귤이 수입되지 않고, 동시에 경제 성장으로 소득 수준이 오르자 과일의 소비 수요가 커지면서 귤나무도 순식간에 제주 전역으로 퍼졌다. 육지 농부들이 소를 팔아 자식을 대학에 보냈다면 제주에서는 귤을 팔아 자식을 대학에 보낸 시절이었다. 그래서 귤나무는 '대학나무'라는 별명까지 얻었다.

그러나 최근에는 귤 가격이 폭락하여 상당수의 귤 재배 농가들이 귤 수확 자체를 포기하는 일이 많아졌다. 겨울이 지나고 봄이 올 때까지 나무에 귤이 그대로 달린 모습도 흔히 볼 수 있다. 왜 이런 일이 일어나고 있을까? 예전에는 겨울철 과일인 귤의 경쟁 상대는 가을에 수확해 겨우내 저장해 먹는 사과, 배, 감 정도가 전부였다. 그러나 자유 무역 협정 체결 등으로 시장이 개방되면서 수입 과일이 밀려들었다. 한국 무역 협회의 통계에 따르면, 최근 10년 동안 과일·채소 수입량이 3배가량 늘었다. 이제 귤은 오렌지, 자몽, 키위, 망고, 블루베리 등 수입 과일들과 경쟁하고 있다. 자연히

귤에 대한 소비자들의 수요도 줄었다.

무역이 확대되면서 다른 나라의 값싸고 다양한 상품들이 수입됨에 따라 경쟁에서 이기지 못하고 제주 귤처럼 위기를 맞는 상품이 많아졌다. 아예 도태되는 산업 분야까지 생겨나고 있다. 신생 산업의 경우에는 발전할 수 있는 기회조차 빼앗기는 일이 많다. 어떤 산업이든 처음에 생겨나서 발전할 때까지는 시간이 걸리고 적절한 경제 지원과 보호가 필요하기 마련인데, 오늘날처럼 치열한 국제 무역 전쟁에서 신생 산업이 살아남기란 참으로 힘든 것이 사실이다. 이러한 이유 때문에 국제적으로 앞선 기술과 발전된 산업을 이미 많이 보유한 선진국들과 산업이 발전하지 못한 국가들 간의 경제 격차가 더욱 커질 수 있다.

우리나라 경제에서 무역이 차지하는 비중은 매우 높다. 우리 경제의 무역 의존도˚는 무려 70퍼센트가 넘는다. 수출이 우리나라 경제 성장에 기

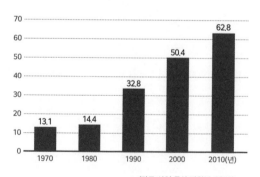

**수출의 경제 성장 기여율**

(자료:산업 통상 자원부, 2012)

여하는 정도가 2000년대에는 50퍼센트를 넘었다. 이런 상황이다 보니 무역 상대국, 특히 우리나라와의 교역 규모가 큰 상대 국가에 경제적인 어려움이 생기면 우리 경제는 당장 큰 타격을 입는 경우가 많다. 전통적으로 우리나라의 최대 교역국은 미국이었다(또한 미국은 세계 최고의 경제 대국으로서, 미국 경제 상황의 변화는 전 세계 시장에 큰 영향을 끼쳐 왔다). 그래서 "미국 경제가 재채기를 하면 한국 경제는 독감에 걸린다."라는 말까지 생겨났다.

그런데 요즘은 미국뿐 아니라 중국의 정책 변화나 경제 상황에 따라 우리나라는 물론 전 세계 경제가 흔들리는 모습을 볼 수 있다. 최근에는 사드(THAAD. 미국 육군의 고고도 미사일 방어 체계) 배치 문제를 통해 이와 같은 현실을 확인할 수 있었다. 우리나라 정부가 사드의 국내 배치를 결정하자, 그 보복으로 중국 정부가 한국 상품을 대대적으로 제재함으로써 우리나라는 유통, 관광, 제조업 전 분야에 걸쳐 큰 타격을 입게 되었다. 중국에 대한 우리나라 경제의 무역 의존도가 점점 높아지면서 이런 일은 앞으로도 언제든지 일어날 가능성이 높다.

---

● **무역 의존도**: 한 나라의 수출·수입 합계 총액을 GDP로 나눈 수치. 그 나라 전체 경제 규모에 견주어 무역의 규모가 얼마나 큰지 나타내는 지표이다.

# 84.
# 자산이란 무엇이며
# 자산 관리는 왜 중요할까?

얼마 전 온라인 경매 사이트 '이베이'에서 이 사람과 밥 한 끼 먹는 자리의 가격이 무려 267만 달러(한화 약 30억 원)에 낙찰되었다. 점심 한 끼를 함께하기 위해 집 몇 채 값을 기꺼이 내면서 사람들이 만나고 싶어 하는 이 사람은 과연 누구일까? 바로 워런 버핏이다. 미국의 기업인이자 투자자인 워런 버핏을 사람들은 월가의 영웅 또는 자산 관리의 귀재라 일컫는다. 세계에서 손꼽히는 부자인 그는 자신과의 점심식사를 경매에 내놓고 그 돈을 기부하는 것으로 유명하다. 그런데 사람들은 왜 그렇게 엄청난 돈을 내고 그와 식사를 하려는 걸까? 그들은 워런 버핏과 만나서 성공하는 자산 관리 철학과 행동 지침을 배우고 싶어 한다. 도대체 자산 관리가 무엇이기에 이렇게 많은 돈을 들여 가면서 성공 비결을 배우려 하는 것일까?

사람들은 평생에 걸쳐 소비 활동을 한다. 그러나 소득을 얻을 수 있는 시간과 기회는 제한되어 있다. 따라서 안정적이고 행복한 삶을 유지하려면 자기가 번 돈을 적절한 수단으로 관리해야 한다. 자산이란 개인이나 기업 등 경제 주체가 소유하고 있는 유형 또는 무형의 모든 경제적 가치를 말한다. 자산 관리란 자산 가치의 향상과 소득 증대를 위해 다양한 자산을 사거나 파는 행위를 말하는데, 흔히 '투자'라고 표현하기도 한다.

자산을 잘 관리하려면 먼저 자산에는 어떤 것이 있으며, 각각 어떤 특징이 있는지 알아야 한다. 자산은 그 성격에 따라 실물 자산과 금융 자산으로 구분할 수 있다. 실물 자산에는 토지·건물과 같은 부동산, 자동차·골동품·금과 같은 광물 등이 포함된다. 금융 자산에는 현금, 예금, 주식, 채권 등이 있으며, 최근에는 간접 투자 방식으로 펀드를 많이 이용하기도 한다. 보험이나 연금도 일종의 금융 자산이라고 할 수 있다. 금융 자산은 실물 자산에 견주어 그 개념과 관리 방식이 복잡하게 느껴진다. 그러면 아래 대화를 통해 다양한 금융 자산의 의미와 그 특징을 이해해 보자.

**Q.** 당신이 번 소중한 돈, 어떻게 관리할까요?

**A.** 저는 현금으로 금고에 넣어 둘 겁니다. 그러면 언제든지 꺼내서 쓸 수 있잖아요. 은행에 넣어 두었다가 은행이 망하기라도 하면 내 돈은 어떻게 합니까.

**B.** 그래도 나라면 은행에 맡기겠어요. 은행에 예금하면 이자를 받을 수 있잖아요. 큰돈을 집에 두고 있으면 불안하지 않나요? 그런데 정기 예금으로 은행에 일정 기간 돈을 맡겨 두면 나중에 원금과 함께 이자까지 받을 수 있거든요. 때로는 적금을 들어 매달 조금씩 은행에 돈을 맡기다 보면 어느새 목돈이 되어 이자와 함께 받을 수도 있죠. 내 돈을 안전하게 맡아 주면서 이자까지 주는 은행이 최고예요.

**C.** 은행 이자 그게 얼마나 된다고요. 저는 **주식**을 살 겁니다. 기업이 경영에 필요한 돈을 조달하기 위해 발행한 주식을 구입하면 경영 실적에 따라서 배당금을 받을 수 있어요. 또 주식 가치가 올랐을 때 주식을 팔면 돈을 벌 기회도 생기는 거잖아요?

**D.** 하지만 주식 투자를 잘못했다가는 돈을 크게 잃을 수도 있어요. 회사 실적이 나쁘거나 심지어 망할 수도 있잖아요. 저는 정부에서 발행한 **채권**을 사겠어요. 정부가 자금이 필요할 때 발행하여 판매하고 대신 이자를 지급하는 것이 채권인데, 정

부는 망할 위험이 거의 없으니 나중에 제 돈을 무사히 받을 수 있을 거예요. 게다가 이자도 받을 수 있고, 경제 상황에 따라 채권 가격이 올라가면 팔아서 이익을 볼 수도 있으니, 저는 채권을 사겠어요.

**E.** 주식, 채권……. 너무 어렵지 않나요? 게다가 주식 가격이나 채권 가격에 영향을 주는 일들이 너무 많아서 제대로 판단할 수 있을지 모르겠어요. 그렇다고 은행에만 맡겨 두면 이자가 너무 적고, 그래서 저는 펀드에 투자하는 것을 좋아합니다. 경제 상황과 주식·채권 시장을 잘 아는 전문가인 펀드 매니저가 제 돈을 알아서 투자하고 수익을 저와 나누니 편리하고 좋잖아요.

**F.** 저는 지금 가진 돈으로 언제 어떻게 일어날지 모르는 여러 가지 위험에 대비하고 싶어요. 그래서 저는 **보험**을 중요하게 생각합니다. 태어나서 죽을 때까지 우리 삶에는 너무나 많은 위험이 도사리고 있어요. 질병, 실업, 화재, 교통사고……. 그래서 저는 이런 위험이 생겨도 언제든지 보장받을 수 있게 우리 아이의 태아 보험부터 부모님의 장례 보험까지 모든 보험을 갖추는 데 돈을 쓸 겁니다.

**G.** 요즘 같은 고령화 시대에는 은퇴 이후 돈을 벌지 못하는 상황에서 긴 시간을 살아야 합니다. 그래서 저는 그때를 대비해 **연금**을 준비하는 데 돈을 투자할 거예요. 회사에서 다달이 불입하는 퇴직 연금도 있고 국가에서 의무적으로 가입시키는 국민연금도 있지만, 이것만으로는 노후 생활비가 충분할 것 같지 않아서 금융 기관에서 판매하는 개인연금 상품에도 가입할 생각입니다.

## 85.
## 자산 관리의 원칙에는
## 어떤 것이 있을까?

"달걀을 한 바구니에 담지 말라."

이것은 자산 관리와 관련하여 유명한 격언이다. 달걀과 자산 관리가 도대체 무슨 관계가 있을까? 여러 개의 달걀을 모두 한 바구니에 담아 올려 두었는데, 바구니가 땅에 떨어지면 달걀이 모두 깨지고 만다. 그런데 달걀을 여러 개의 바구니에 나누어 담아 두었다면 다른 바구니의 달걀들은 멀쩡하게 지킬 수 있을 것이다. 마찬가지로 우리가 투자를 할 때도 자신이 가진 돈을 한 가지 자산에만 다 투자하면 큰 낭패를 볼 수 있다. 따라서 자산에 투자할 때는 자금을 각각 성격이 다른 자산에 적절하게 분산 투자해야 한다. 그렇다면 어떤 바구니에 얼마나 분산해서 달걀을 담아야 할까?

전문가들은 자산 관리의 중요한 3대 원칙으로 안전성, 수익성, 유동성을 꼽는다. 이 가운데 첫째로 안정성이란 자산의 가치가 줄어들지 않고 안전하게 보호될 수 있도록 해야 한다는 것이다. 우리는 때로 재테크를 하겠다고 특정한 자산에 투자했다가 수익을 얻기는커녕 투자한 돈까지 다 날리고 낭패를 당했다는 사람들 이야기를 듣는다. 금융 자산 중 어느 것도 원금이 100퍼센트 보장되는 것은 없다. 심지어 은행 예금마저도 은행이 도산하면 전액을 다 돌려받지 못할 수 있다. 특히 주식은 가장 안전성이 낮은 자산으로 평가받는다. 투자한 기업의 실적이 나빠지거나 도산하면 내가 가진 주식의 가치가 급격히 떨어질 수 있기 때문이다. 애써 번 돈을 잘 관리해 보겠다고 투자했다가 그 돈을 날린다는 것은 참으로 억울한 일이다. 따라서 자산 관리를 할 때는 항상 안전성을 고려해야 한다. 투자했을 때 원금이 보장되는지 잘 따져 봐야 하는 것이다.

안전성과 함께 고려해야 할 중요한 자산 관리의 원칙은 수익성이다. 수익성이란 투자한 상품의 가격이 오르거나 이자가 발생하는 등의 방법으로 원금에 대비하여 수익을 올릴 수 있는 정도를 뜻한다. 자산 관리에 나서는 사람이라면 누구나 높은 수익을 얻고 싶을 것이다. 그러나 일반적으로 높은 수익을 얻으려면 그만큼 큰 위험을 감수해야 한다. 반대로 안전성이 높아질수록 수익성은 낮아질 확률이 크다. 예를 들어 어떤 사람이 돈을 은행에 맡겨 두거나 자기 금고에 보관하면 큰 수익은 얻을 수 없지만 원금은 보장된다. 반면 이 돈을 신생 기업의 주식에 투자하면 기업이 크게 성장하여 큰돈을 벌 가능성도 있지만, 기업이 망하면 주식이 휴지 조각이 되어 버릴 가능성도 크다. 실제로 신생 기업 가운데 창업 3년 뒤에는 40퍼센트, 그리고 10년 뒤에는 8퍼센트 정도만 생존하고 나머지는 사라지고 만다는 통계 결과가 있다.

자산 관리의 세 번째 원칙은 유동성이다. 유동성이란 현재 자기가 보유한 자산을 필요할 때 언제든지 현금으로 바꿀 수 있는 것을 말한다. 아무리 자산이 많아도 필요할 때 사용할 수 없으면 아무 의미가 없다. 높은 수익을 기대하는 대신에 일정 기간 동안 원금을 찾을 수 없는 펀드에 가입했다고 가정해 보자. 그런데 갑자기 그 돈을 써야 할 상황이 발생한다면? 손실을 감수하고 울며 겨자 먹기로 펀드를 해약하거나 돈을 빌려야 하는 문제가 생길 것이다.

　안전성, 수익성, 유동성은 자산 관리를 위해 어느 것 하나 포기할 수 없는 원칙이다. 그런데 문제는 이 모든 원칙을 동시에 만족시키기가 어렵다는 것이다. 따라서 자산을 관리하는 주체는 자신의 경제적인 목표나 상황에 따라 이러한 원칙을 어떻게 골고루 자산 관리에 반영할지 선택해야 한다. 다시 말해 안전성, 수익성, 유동성이라는 바구니 중 어느 바구니에 얼마만큼 달걀을 넣어 둘지 선택해야 하는 것이다. 이를 위해서는 지금 자신의 경제적인 상황이 어떠하며, 그런 상황에서 어떤 경제적 목표를 가지고 무엇을 해야 할지 분명히 알고 현명하게 판단해야 한다.

# 86.
# 시간의 흐름에 따라 개인의 삶은 어떻게 변해 갈까?

축복 받으면서 세상에 태어나 사랑을 받으며 나 자라 왔어

교복을 입던 날 친굴 알게 됐고 우연히도 사랑이란 걸 알게 됐어(……)

평범한 사람과 사랑하게 됐고 눈물겨웠었던 청혼을 받고

결혼식 하던 날 눈물짓고 있는 내 부모님 어느새 많이 늙으셨네

그렇게 나는 결혼을 하고 날 닮은 예쁜 아이를 낳고

그 녀석이 벌써 학교에 들어갔네

어느덧 세월은 날 붙잡고 황혼의 문턱으로 데려와

옛 추억에 깊은 한숨만 쉬게 하네

거울에 비친 내 모습 보니 많이도 변했구나

할 수 있다면 다시 그때로 돌아가고 싶어(……)

나 후회는 없어 지금도 행복해 아직도 나에겐 꿈이 있으니까

〈황혼의 문턱〉이라는 노래의 가사이다. 황혼에 접어든 한 여성이 자기 삶을 되돌아보며 하는 생각을 노래한 것으로, 많은 사람의 공감을 얻고 사랑을 받았다. 이 노래에 우리가 공감하는 이유는 노랫말에 나오는 것처럼 우리는 모두 태어나고 나이를 먹으면서 일련의 단계를 거쳐 살아가기 때

문일 것이다. 이처럼 시간의 흐름에 따라 달라져 가는 삶의 모습을 몇 가지 단계로 구분한 것을 '생애 주기'라고 한다. 보통 생애 주기는 아동기, 청년기, 중·장년기, 노년기로 구분된다. 그리고 각 단계마다 우리가 달성해야 할 과업이 있고, 이에 맞추어 우리의 경제생활도 달라진다.

아동기는 신체적·정신적으로 성장하고 교육을 받는 시기이다. 이 시기에는 돈 버는 일을 할 수도 없고 해서도 안 된다. 그래서 이 시기의 경제생활은 대체로 소비로만 구성되고, 소비는 부모 등 보호자의 소득에 의존한다. 벌어들이는 돈은 없는데 소비하는 돈은 있으니 경제적으로 따지면 마이너스인 시기이다. 청년기가 되면 취업을 위한 탐색 과정을 거쳐 각자 직업을 얻고 결혼을 하며 자녀를 낳아 키운다. 이 시기에는 자신의 능력에 따라 소득을 얻고 이에 맞춰 경제생활을 하게 된다. 중·장년기에는 자녀의 교육과 결혼, 그리고 노후 준비라는 과업이 생긴다. 이 때는 일반적으로 소득이 가장 많지만 소비 규모도 가장 큰 시기이다. 마지막으로 노년기에는 자신의 건강을 지키고 은퇴 이후에 안정된 생활을 유지하는 것이 중요한 과업이자 경제적인 목적이 된다.

우리가 안정되고 행복한 삶을 살려면 이러한 일반적인 생애 주기와 과업을 유념하여 어떻게 살아갈지 계획을 세워야 하는데, 이를 생애 설계라고 한다. 구체적으로는 어떤 직업을 갖고 소득은 얼마나 될지, 결혼이나 자녀 출산을 할 것인지 말 것인지, 은퇴한 뒤 어떤 생활을 하고 싶고 이를 위해서 미리 어떤 준비를 할지 생각해 보는 것이다. 이러한 생애 설계를 바탕으로 우리는 행복하고 안정된 삶을 그저 막연하게 꿈꾸기만 하는 것이 아니라 그런 삶을 현실에서 실현하는 발판을 마련할 수 있다.

# 87.
# 생애 주기에 따라 금융 설계를 어떻게 할까?

우리가 살아가면서 필요한 돈은 생각보다 많다. 2015년 한국 보건 사회 연구원 자료에 따르면 자녀 한 명당 양육비가 월 평균 60만 원이 넘게 들고, 결혼 비용은 평균 1억 원이 넘는다고 한다. 노후 자금은 평균 4억 원 이상이 필요하다고 한다. 이 많은 돈을 어떻게 마련해야 할까? 우리나라 2인 이상 도시 노동자 가구의 월 평균 소득은 478만 원, 지출은 월 평균 354만 원 정도여서, 한 달에 100만 원이 조금 넘는 여유 자금이 생기는 셈이다.

어떻게 하면 이 돈을 잘 관리하여 필요할 때 적절하게 소비하면서 안정된 경제생활을 할 수 있을까? 지금 건강하다거나 소득이 많다고 해서 미래의 삶에 대비하지 않으면 나중에 큰 어려움을 겪을 수 있다. 따라서 우리는 자신의 생애를 미리 설계해 보고 미래의 경제 상황을 예상하면서 경제생활을 계획하고 금융 설계를 해야 한다.

다음 그래프는 인간의 삶을 경제적인 관점에서 도표로 나타낸 것이다. 시간이 지나면서 벌어들이는 돈의 변화를 빨간색, 우리가 쓰는 돈의 변화를 파란색으로 표시했다. A, B, C 시기에 보통 사람들은 어떤 모습으로 살아가고, 또 어떻게 금융 생활을 해야 할까?

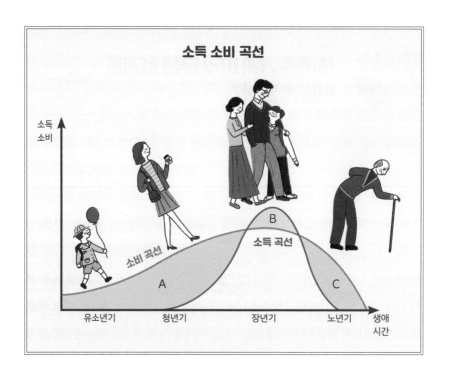

먼저, A 시기는 소득보다 소비가 훨씬 많은 어린 시절이다. 유소년기에는 비록 스스로 소득을 얻지는 못하지만 장차 자기가 살고 싶은 삶의 모습을 그려 보고, 그런 모습으로 살기 위해 지금 무엇을 준비해야 하는지 살펴야 한다. 학업이나 독서, 다양한 경험 등을 통해 자신의 적성을 발견하고 적성에 맞춰 진로를 설계하는 것, 그리고 경제와 금융에 관한 다양한 지식과 정보를 알아 두는 것도 금융 설계의 중요한 첫 단계라고 할 수 있다.

청년기에는 이제 직업을 갖고 스스로 돈을 벌기 시작하지만 결혼 비용, 학자금 대출 상환 등으로 여전히 소득보다 소비가 많다. 청년기에는 어떤 직업을 가질지, 그리고 소득 중 얼마나 지출하고 얼마나 저축할지, 저축한 돈을 어떤 방법으로 투자할지 등에 대해 다양한 지식을 쌓고 선택을 해야 한다.

B 시기는 생애에서 소비도 가장 많지만 소득도 정점을 찍는 때이다. 자녀의 양육과 교육, 노후 준비에 많은 자금이 필요한 시기이기 때문에 현재 소득을 현명하게 지출하고 투자해야만 자신이 계획한 삶을 실현할 수 있다. 구체적인 계획 없이 소비와 지출을 하다 보면 '개미와 베짱이' 우화에 나오는 베짱이가 춥고 굶주린 겨울을 맞듯이 힘든 노년을 맞을 수 있다.

마지막으로 C 시기는 노년기로, 소득이 급격하게 줄다가 끊기지만 소비는 계속될 수밖에 없는 시기이다. 노년기에는 소득이 줄어들기 때문에 자기가 가진 자산을 사망할 때까지 잘 관리하여 노후 자금을 안정적으로 확보해야 한다. 금융 자산에서 발생하는 이자나 연금 등 제한된 소득 내에서 현명하게 소비를 꾸려 가는 것도 중요한 금융 목표가 된다.

# 참 고 문 헌

**1단원**
- 국제신문, '안병화의 시사 한자성어(401) 群盲撫象', 2016. 4. 29.
- 김해창, 『환경수도 프라이부르크에서 배운다』, 이후, 2003
- 네이버 블로그(K-crowd), 기업을 잇는 청년 농부20, '충북 충주 류상미를 만나다.' (https://goo.gl/uUS2Kw)
- 닉 부이치치 강연 동영상(https://www.youtube.com/watch?v=QPWysOqeDVQ)
- 마이크 비킹, 정여진 옮김, 『휘게 라이프』, 위즈덤하우스, 2016
- 매트 헤이그, 『브랜드 괴담』, 지아이지오 커뮤니케이션, 2003
- 미국 독립선언문, 위키백과
- 스튜어트 매크리디, 김석희 옮김, 『행복의 발견』, 휴머니스트, 2002
- 아리스토텔레스, 천병희 옮김, 『니코마코스 윤리학』, 숲, 2013
- 아마르티아 센, 원용찬 옮김, 『센코노믹스 인간의 행복에 말을 거는 경제학』, 갈라파고스, 2008
- 조지 베일런트, 이덕남 옮김, 『행복의 조건』, 프런티어, 2010
- 헤럴드경제, '세상에서 가장 비싼 집 안틸라(Antilia)', 2011. 6. 24

**2단원**
- 그린피스(http://www.greenpeace.org/korea)
- 녹색기업(http://www.ef21.co.kr/main/main.asp)
- 레이첼 카슨, 김은령 옮김, 『침묵의 봄』, 에코리브르, 2011.
- 서울특별시(http://www.seoul.go.kr/main/index.html)
- 탄소발자국(http://www.kcen.kr/cbook/)
- 한국기후 환경네트워크, 세계의 친환경 도시, 쿠리치바를 아시나요? (http://greenstartkorea.tistory.com/762)
- 한겨레신문, '도도새가 멸종된 이유는?' 2008. 5. 23
- 환경부(http://www.me.go.kr)

**3단원**
- 권기봉, 『다시, 서울을 걷다』, 알마, 2012
- 김대훈, 박찬선, 최재희, 이윤구, 『톡 한국지리』, 휴머니스트, 2013
- 김종현, 『영국 산업혁명의 재조명』, 서울대학교출판문화원, 2006
- 마크 기로워드, 민유기 옮김, 『도시와 인간』, 책과함께, 2009
- 박흥수, 『달리는 기차에서 본 세계』, 후마니타스, 2015
- 베로니크 코르지베, 정미애 옮김, 『세상을 움직이는 교통 이야기』, 다림, 2015
- 빌 로스, 이지민 옮김, 『철도, 역사를 바꾸다』, 예경, 2014
- 엄정훈, 『한국지리를 보다』, 리베르스쿨, 2016
- 에드워드 글레이저, 이진원 옮김, 『도시의 승리』, 해냄, 2011
- 유현준, 『도시는 무엇으로 사는가』, 을유문화사, 2015
- 이경한, 『일상에서 지리를 만나다』, 푸른길, 2008
- 이의정, 『Why? 교통수단』, 예림당, 2006

◆ 이중환, 이익성 옮김, 『택리지』, 을유문화사, 2008
◆ 이항우·이창호·김종철·임현경, 『정보 사회의 이해』, 미래인, 2011
◆ 전국지리교사모임, 『지리, 세상을 날다』, 서해문집, 2009
◆ 전국지리교사연합회, 『살아있는 지리교과서』, 휴머니스트, 2011
◆ 전상현, 『도시 유감』, 시대의창, 2015
◆ 전유용, 『서울은 깊다』, 돌베개, 2008
◆ 조지욱, 『길이 학교다』, 낮은산, 2013
◆ 조지욱, 『동에 번쩍 서에 번쩍 우리나라 지리 이야기』, 사계절, 2008
◆ 존 리더, 김명남 옮김, 『도시, 인류 최후의 고향』, 지호, 2006
◆ 최재용, 『우리땅 이야기』, 21세기북스, 2015
◆ 최재희, 『이야기 한국지리』, 살림Friends, 2016
◆ 한주성, 『교통지리학의 이해』, 한울, 2009
◆ 후마니타스 교양교육연구소, 『우리가 사는 세계』, 천년의상상, 2015

**4단원**
◆ 강영계, 『청소년을 위한 가치관 에세이』, 해냄, 2014
◆ 마이클 샌델, 이창신 옮김, 『정의란 무엇인가』, 김영사, 2010
◆ 심용환, 『헌법의 상상력』, 사계절, 2017
◆ 이효건, 『청소년 정치의 주인이 되어볼까?』, 사계절, 2013
◆ 장영란, 『플라톤의 국가, 정의를 꿈꾸다』, 사계절, 2011
◆ 전국사회교사모임, 『생각 vs 생각』, 개마고원, 2014

**5단원**
◆ 경상매일신문, '인터넷 중고거래 사기 예방 방안', 2016. 4. 14
◆ 머니투데이, '매일유업, 특수분유 만든 지 10년 됐죠', 2009. 10. 30
◆ 서울경제(www.sedaily.com)
◆ 아나톨 칼레츠키, 위선주 옮김, 『자본주의 4.0』, 컬처앤스토리, 2011
◆ 아담 스미스, 유인호 옮김, 『국부론』, 동서문화사, 2008
◆ 아르네 다니엘스, 슈테판 슈미츠, 조경수, 『자본주의 250년의 역사』, 미래의 창, 2007
◆ 칼 마르크스, 김수행 옮김, 『자본론』, 비봉출판사, 2001
◆ 통계청(http://kostat.go.kr)
◆ 한겨레신문, '쌀·콩·계란·빵 등…한달 버티긴 힘들어', 2015. 1. 29
◆ 한겨레신문, '제주 귤 잔혹사, 헛농사에 울고 땅장사에 울고', 2016. 1. 3
◆ 한국교육방송(EBS), '하버트 특강, 정의'
◆ 한국무역협회(www.kita.net)